図解 面白いほど役に立つ

人を動かすリーダー力

新 将命
MASAMI ATARASHI

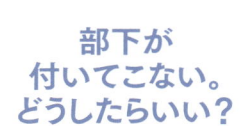

リーダーに
ふさわしい話し方は？

部下が
付いてこない。
どうしたらいい？

チームを
やる気にさせるには？

日本文芸社

はじめに——人を動かすリーダーになる

「経営とは、人を通じて結果を出す業《わざ》である」（ピーター・ドラッカー）

この名言は、「リーダーとは、人を通じて結果を出す人である」と言い換えることもできます。

リーダーが人を通じて結果を出す人であれば、リーダーの力とは、第一に人を動かす力です。


そもそもリーダー（Leader）とは「人を導く人」という意味です。人を導くためには、後ろに付いてくるフォロワー（Follower）がいなければなりません。

フォロワーには、喜んで付いて来るウィリング・フォロワー（Willing Follower）と、命令だから仕方がないと不承不承付いてくるリラクタント・フォロワー（Reluctant Follower）がいます。

単に部下を動かすだけならどんなリーダーでも命令で動かせますが、しかし、いきいきと動かない部下（リラクタント・フォロワー）に良い結果は期待できません。

つまり人を動かすポイントは、人を「いきいきと動かす」ことにあるのです。

与えられた部下をウィリング・フォロワーとすること。それが結果を出すために必要なリーダーの重要な力の1つです。


リーダーに求められる結果とは、チームの結果です。

チームで結果を出すためには、まずチームをつくらなくてはなりません。集まった人々が、同じ目標を共有することでチームとなるのです。

チームの力を最大に発揮させるには、チームのメンバー一人ひとりが一騎当千の強者《つわもの》である前に、チームのメンバーの持っている力を同じ目標に向かって糾合《きゅうごう》し、1つの力にまとめ上げることが重要となります。これも結果を出すために、リーダーに求められる力です。

会社で必要なのはグループではありません。チームです。

私は経営者時代を含むビジネス人生で、終始一貫、チームの力を最大限発揮させる方法を追究してきました。

「信なくば立たず」（『論語』）という言葉があります。

民の信頼・信用がなければ国が成り立たないのと同様に、部下から信頼・信用を得られないリーダーでは、部下をウィリング・フォロワーとすることはできませんし、チームで結果を出すことも不可能です。

本書では、部下から「信」を得て、結果を出すために必要なリーダーの意識改革・行動改革について、私自身の経験をもとに、知る限りのことをできる限りわかりやすく解説しています。

この本を読んで、自分の心に響くことがあったなら、1つでも2つでも行動に移していただきたいと思います。

まず参考に。それから実行です。実行なしでは何も変わりません。

私が人生で悩み、学び、鍛え、育んだことが、私よりもはるかに若いリーダーたちの役に立てば、著者としてこれに勝る喜びはありません。

2018年7月

新《あたらし》 将命《まさみ》

第1章 人を動かすリーダーになる10の基本ルール

第2章 部下を育てるリーダーになる12のルール

第5章 時間を生み出すリーダーになる10のルール

第1章

人を動す
リーダーになる
10の基本ルール

人を動かすリーダーになる5つのポイント

生まれながらのリーダーというのは存在しません。皆、先輩や経験から学んでリーダーに成長するのです。人を動かし、結果を出す本物のリーダーになるためのポイントを学びましょう。

Point 1

部下をまとめるには？

部下を「自分の味方」にすることを考えてみよう。

Check 01、02

Point 2

リーダーの役割とは？

「グループ」を「チーム」にすることだと意識しよう。

Check 03

Point 3

リーダーに必要なものとは？

リーダー力を発揮するための考え方を身に付けよう。

Check 04、05、06

Point 4

チームをやる気にさせるには？

当事者意識を持たせ、この先の方向性を指し示そう。

Check 07、08

Point 5

本物のリーダーになるには？

お手本となる人をみつけ自分のメンターにしよう。

Check 09、10

RULE 01

部下が付いてこない。どうすればいい?

部下をウィリング・フォロワーにしてしまおう

あなたの部下は、あなたに付いてきていますか。

部下が自分に付いてこないことに、問題意識を持っているあなたは、良きリーダーとなれる素質があります。

上司には命令権があります。組織の一員である部下は、上司であるあなたが指示命令を下せば、内心はイヤイヤでも形の上では付いてきます。

しかし、イヤイヤ付いてくる部下が、自分の持っている力の半分も発揮することはありません。

部下に100%、あるいは120%の力を発揮させて、チーム全体で結果を出すのが、リーダーたるあなたの仕事です。

100%、120%の力を発揮する部下とは、リーダーであるあなたのことを信頼し、尊敬して、喜んであなたに付いてくる部下であることは言うまでもないでしょう。

したがってリーダーたるあなたは、部下をイヤイヤ付いてくる**「リラクタント・フォロワー(Reluctant Follower)」**にしてはいけません。

部下を喜んで自主的に付いてくる**「ウィリング・フォロワー(Willing Follower)」**にすることが、リーダーの大事な役目なのです。

部下というのは、驚くほど上司のことをよく見ています。

上辺だけ言葉や態度をつくろったところで、必ず見透かされてしまうものです。それでは部下から信頼され、尊敬されることはありません。

部下が喜んで付いてくるか否かは、あなたが単なる組織図上の上司にとどまるのか、本物のリーダーとなれるかによって決まってくるのです。

部下の力を最大限に引き出すのがリーダーの役目

部下には２種類のタイプがいる

リラクタント・フォロワー（Reluctant Follower）

＝

内心はイヤイヤでも
形の上では付いてくる部下

↓

上司には命令権が
あるから従うだけ。
本来持つ力の半分も
発揮しない。

ウィリング・フォロワー（Willing Follower）

＝

喜んで自主的に
付いてくる部下

↓

リーダーを信頼し、
尊敬している。
100%、120%の力を
発揮する。

RULE 02

部下が喜んで付いてくるリーダーになるには？

部下の心に火を付けるリーダー型上司を目指そう

私の経験からいうと、上司と呼ばれる人で、本当に部下がその後を喜んで付いてきている人は、全体の1割くらいしかいません。

それはどんな上司でしょうか。

およそ上司は、次の3つのタイプのいずれかに当てはまります。

❶ 名ばかり上司

係長や課長といった役職名は付いているものの、ただ上の意向を忠実にこなしているだけ、というタイプです。

部下の力を生かすことをしませんので、チームの成績も振るいません。

上ばかり見ているので、またの名を「平目《ひらめ》上司」とも言います。

このタイプが一番多く、全体の7割を占めます。

❷ マネージャー型上司

与えられた目標をもとにチームの戦術を考え、部下の特性に応じて仕事を割り当て、指示命令を出し、進捗《しんちょく》状況をチェックするなど、上手にチームをコントロールして当面の結果を出します。結果を出すという点ではマネージャーとしては及第点です。

このタイプが全体の約2割です。

❸ リーダー型上司

きっちり結果を出すところはマネージャー型と同じですが、部下の心に火を付け、部下の成長を促《うなが》すのがこのタイプです。当面の結果だけでなく、長期的で継続的な結果を求め、部下を育てることに強い関心を持っています。

この1割しかいないリーダー型上司が、部下が喜んで付いてくる本物の上司です。

部下が喜んで付いてくる上司は１割しかいない

1 名ばかり上司

自分の上司の意向を忠実にこなしているだけで、部下の力を生かすことにも、育てることにも関心がない。このタイプが一番多く、7割を占める。

2 マネージャー型上司

部下の特性に応じてチームの戦術を考え、指示命令を出し、チームを上手にコントロールして目標を達成する。このタイプが約2割。

3 リーダー型上司

マネジャー型と同様にきっちり結果を出すだけでなく、長期的な視点で部下を育てることに強い関心を持つ。このタイプは1割程度しかいない。

RULE 03

リーダーの役目って何？

リーダーの役目はチームで結果を出すこと

リーダーの務めとは何でしょうか。それは「結果を出す」ことです。

仕事で結果を出すには、仕事の原則を知らなければなりません。「仕事はチームでやるもの」これが仕事の原則です。したがって仕事の結果とは、すなわちチームの結果ということになります。

チームの結果は、部下の力の発揮の仕方で決まります。部下に十分力を発揮させることができなければ、チームの成果は上がりません。

つまり、**リーダーの仕事とは、メンバー個々の持てる力を最大に、かつ全体の力を1つの方向に集中させることにあります。**

これがチームワークです。

つまりリーダーとは、チームワークを発揮して、チームに最高の結果を出させる人なのです。

そのために必要なのがリーダーシップであり、リーダーとしてのスキルとマインドだと言うことができます。

しかし、その前に知っておかなければいけないことがあります。それは、そもそもチームとは何かということです。

チームは単なる人の集団ではありません。単なる人の集団のことは、グループと言います。グループとは、いわば人の「群れ」です。

チームとグループは違います。

チームとは、全員が目標を共有して、同じ方向に向かっていることが条件です。

チームワークを機能させるためには、目標の共有と行動の統一を図り、単なるグループをチームに変身させなければなりません。

グループをチームに変えるのがリーダーの役割

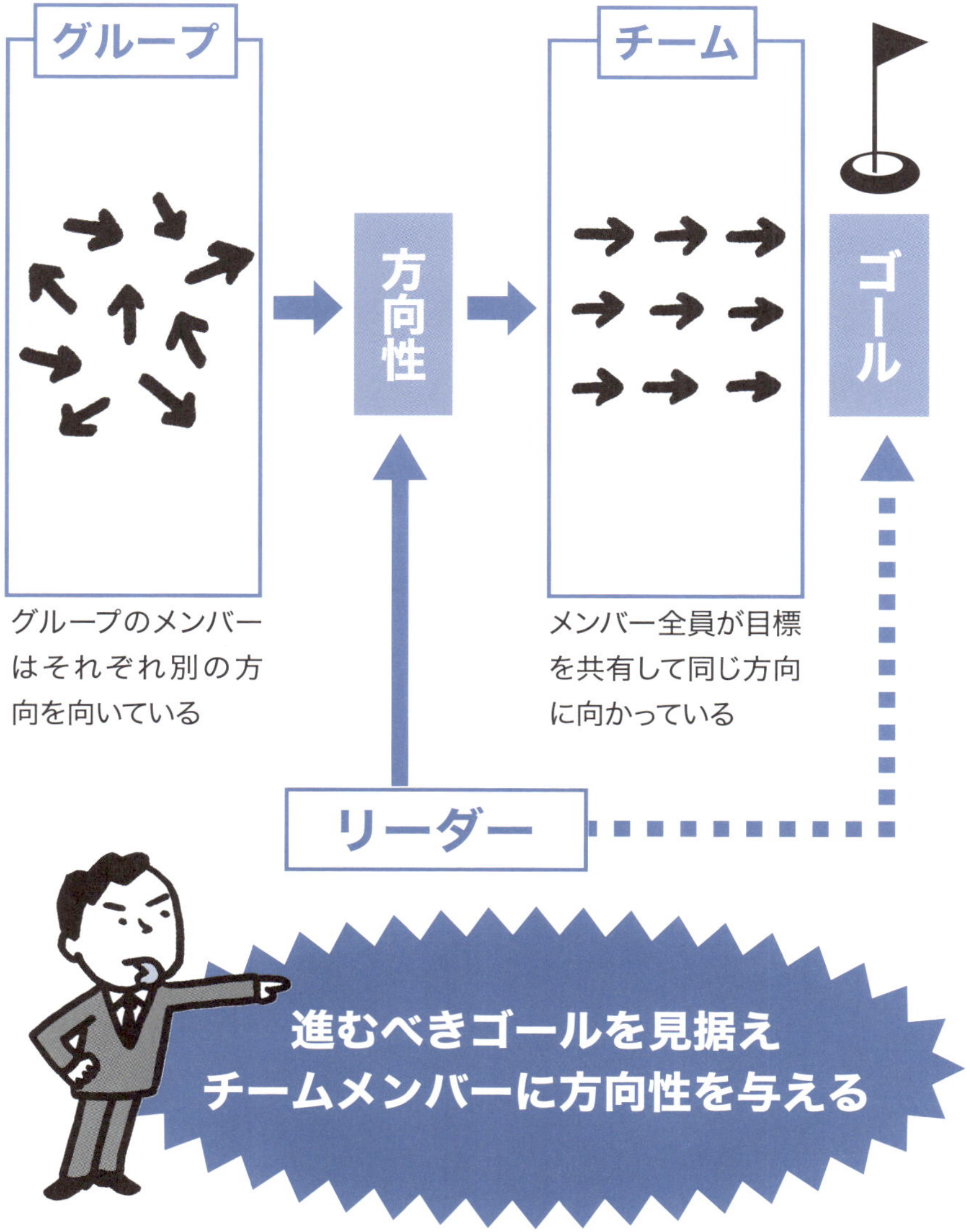
グループ
グループのメンバーはそれぞれ別の方向を向いている
方向性
チーム
メンバー全員が目標を共有して同じ方向に向かっている
ゴール
リーダー
進むべきゴールを見据え
チームメンバーに方向性を与える

RULE

04

リーダーには何が必要？

リーダーには3つのKと2つのSが必要

02で述べたようにリーダー型上司が、私たちが目指すべき上司像ということになります。

では、リーダー型上司になるためには、何が必要でしょうか。私は、リーダー型上司になるには、3つのKと2つのSが必要条件だと言っています。これらは後天的に身に付けられるものです。

3つのKとは、「権力」「結果」「権威」のことであり、2つのSとは、「信用」と「信頼」です。

「権力」とは、地位や立場に伴う力です。上司として部下に指示や命令をするには、やはり背景となる権力を無視することはできません

「結果」とは、実績のことです。権力はあっても、実績のない名ばかり上司の後に、人は信頼して付いていこうとはしません。

「権威」とは、その人自身の知識、能力に裏付けられた人間としての大きさや器のことです。

「信用」とは、部下に「この人はできる！」と思わせる仕事の力です。

「信頼」とは、「この人の言うことなら」と部下が安心して付いていける全人格的な要素を指します。

「権力」は組織から与えられるものです。

「結果」と「信用」は、その人が持っている「仕事力」から生まれるものです。

「権威」や「信頼」は、その人の持っている「人間力」から醸成されるものです。

仕事力のある人のことを、一般に「できる人」と言います。一方、人間力のある人のことは「できた人」と言います。

真のリーダーとは、仕事力と人間力を併せ持った「できる・できた人」でなければいけません。

リーダーシップを発揮するために必要な5つの条件

3つのK

権力

地位や立場に伴って会社や組織から付与される力。だが、権力だけでは部下は喜んで付いてこない。

結果

結果＝実績。実績のないリーダーに人は信頼して付いていこうとはしない。

権威

その人自身の知識、能力に裏付けられた人間としての大きさや器。

2つのS

信用

部下に「この人はデキル!」と思わせる仕事の力。

信頼

「この人の言うことなら」と部下が安心して付いていける全人格的な要素。

3つのKと2つのSは後天的に身に付けられる

RULE 05

一流のリーダーになるには？

リーダーには「人に助けられる能力」も大切

何でもできる多才の人でなければ理想のリーダーになれないのでしょうか。実は、そうではありません。

リーダーとは、チームで最高の結果を出す人ですから、それが最善であれば、縦横に部下の力を借りることもできて一流のリーダーと言えるのです。

古代中国の漢王朝を建てた劉邦《りゅうほう》は、戦《いくさ》に出ると負けで連敗街道まっしぐらの、どこからどう見てもダメなリーダーでした。

将としての才に長《た》けていたライバルの項羽《こうう》とは対照的に、劉邦は、将としては失格でした。

しかし、軍師である張良《ちょうりょう》、将軍であった韓信《かんしん》は、劉邦を見限らず、劉邦に君主の器を見いだし、彼らの才覚をもって劉邦は項羽に勝ち、漢帝国の高祖となりました。

劉邦のダメさには隠れた美点があったのです。それは、いわば「人に助けられる才能」でした。

古代ローマの研究で有名な塩野七生《しおのななみ》氏は、「優れたリーダーとは、優秀な才能によって人々を率いていくだけの人間ではない。率いられていく人々に、自分たちがいなくては、と思わせることに成功した人でもある」（『ローマ人の物語II』新潮社）と言っています。

部下に助けられる才能も、立派なリーダーの条件なのです。

部下に「自分たちがいなくては」「自分たちがこのリーダーを支えなくては」と思わせることも、また人間力のなせる業《わざ》と言えるでしょう。

部下が積極的に助けてくれるようになれば、リーダーとして一歩、一流に近づいた証《あかし》です。

人に助けられる才能もリーダーの条件

劉邦（紀元前247年〜紀元前195年）

漢の高祖。
将としては、才はなかった。
しかし人望があった。

軍師・張良　**将軍・韓信**

「劉邦に天下を取らせたい！」

VS

項羽（紀元前232年〜紀元前202年）

楚の武将。
将としての才に長けていたが、
他人の言うことには耳を貸さなかった。

**最後まで覇を争った劉邦と項羽。
天下を取ったのは、人に助けられる
才能を持った劉邦だった。**

RULE
06

リーダーとして的確な判断力を身に付けるには？

鳥の目、虫の目、魚の目を意識しよう

結果を出すために必要なのは、チームメンバーの意欲だけではなく、リーダー自身にも、的確な状況判断力が求められます。

では、どうすれば激変するビジネス環境の中にあって、的確な判断ができるようになるでしょうか。

私は、リーダーは「鳥の目、虫の目、魚《さかな》の目」の3つの目を養え、と主張し続けています。

鳥の目とは、上空から全体を大きく俯瞰《ふかん》する目のことです。

大局観と言い換えてもよいでしょう。

虫の目とは、細部を見る目です。

細かいところに目を配り、小さな変化を見逃さないのが虫の目ということになります。

一般的には、リーダーには、この2つの視点が必要と言われています。

ですが、私はもう1つ、魚の目ということを付け加えています。

魚には、顔に2つの目があるばかりではなく、体の側面にも水質や川の流れの変化を察知する側線という器官があります。

会社の置かれた環境、市場のトレンドや顧客の嗜好、社会の動向を察知するのが魚の目です。

この3つの目で捉《とら》えた多角的な情報を分析し、判断するために必要なのが、経験と勘と歴史に学ぶことです。

経験とは、物事を自分の経験に照らし合わせて判断することです。

勘とは、現場で鍛えた知見に基づく直観です。

歴史に学ぶとは、過去の参考事例を探すことです。

どんなことでも、過去に似た事例はあるものです。

リーダーに必要な3つの目

鳥の目

上から全体を俯瞰する目。これは、上に立てば立つほど重要な要件で、大局観を身に付けることだととらえてよい。

虫の目

虫の目とは、細部を見る目。細かいところに目を配り、小さな変化を見逃さない。

魚の目

魚の目は、顔にあるばかりではなく、レーダーのように、体の側面にも水質や川の流れの変化を察知する器官がある。会社の置かれた環境、市場のトレンドや顧客の嗜好傾向を察知する。空気が読める能力である。

RULE 07

どうすればチームがやる気になってくれる？

方向性を示してメンバーのやる気を引き出そう

チームの結果は、メンバーの〈意欲 ×スキル〉の積に大きく影響されます。

スキルは、急に下がることもなければ、急に上がることもありません。しかし、意欲はリーダーの働きかけによって大きく上下します。

したがって、意欲が下がればスキルがあっても、良い結果は得られません。

メンバーの意欲を高めるには原則があります。

それはメンバー全員に「仕事の方向性」を明確に示すことです。

「仕事の方向性」とは、何のために、何を、いつまでに、どれだけやるかということになります。

方向性がわかれば、仮に今はうまくいってなくとも、メンバーはトンネルの先に光を見いだせます。

トンネルの先の灯された光とは、リーダーがチームの方向性を示し、先の楽しみや理想を語ることにほかなりません。

先に楽しみがあることがわかれば、人は逆境にあってもやる気が湧《わ》いてくるものです。

また、メンバーにしてみれば、自分が何を期待されているのかわからない、自分のやった仕事がチームに貢献しているのかわからないと、仕事にやりがいが感じられません。

方向性を共有することで、部下にも自分にはどういう役割が期待されているのか、果たすべき使命と責任が見えてきます。

果たすべき使命と責任があることで、人はやりがいを感じ、やりがいは、やる気のもととなります。

また左図に挙げた行動を意識すれば、メンバーのやる気はさらに高まるでしょう。

メンバーが「やる気」になるリーダーの行動

日常態度

- 自ら明るく元気にあいさつをする
- 否定的な言動をしない
- 楽しそうに仕事をしている雰囲気を見せる
- メンバーの話に積極的に耳を傾ける

メンバーに対する仕事のさせ方

- 何のために、何をやるのか、目的をわかりやすく説明する
- 「キミならできる」という信頼感を示す
- 仕事の期限、求める結果を明示した上で、やり方は目いっぱい任せる
- 口出しはせずとも高い関心を持ち続け、声をかけ、励ます
- 結果に対する評価を明確に伝え、公正に処遇する

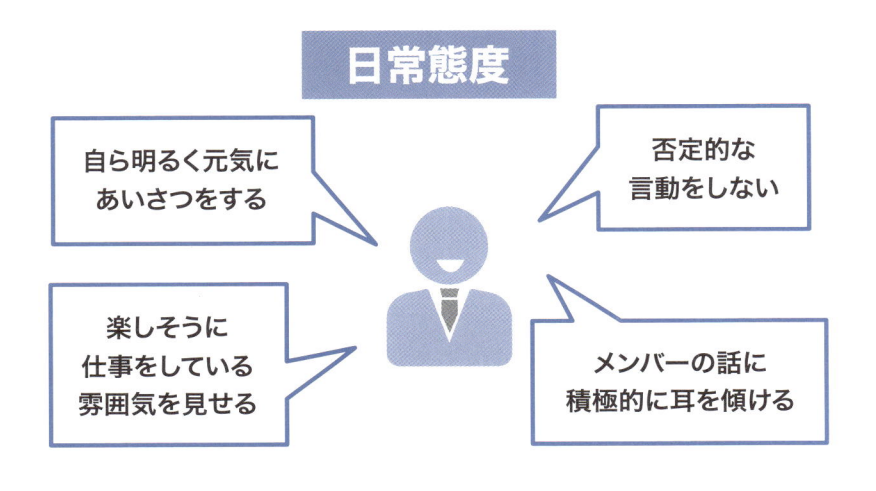

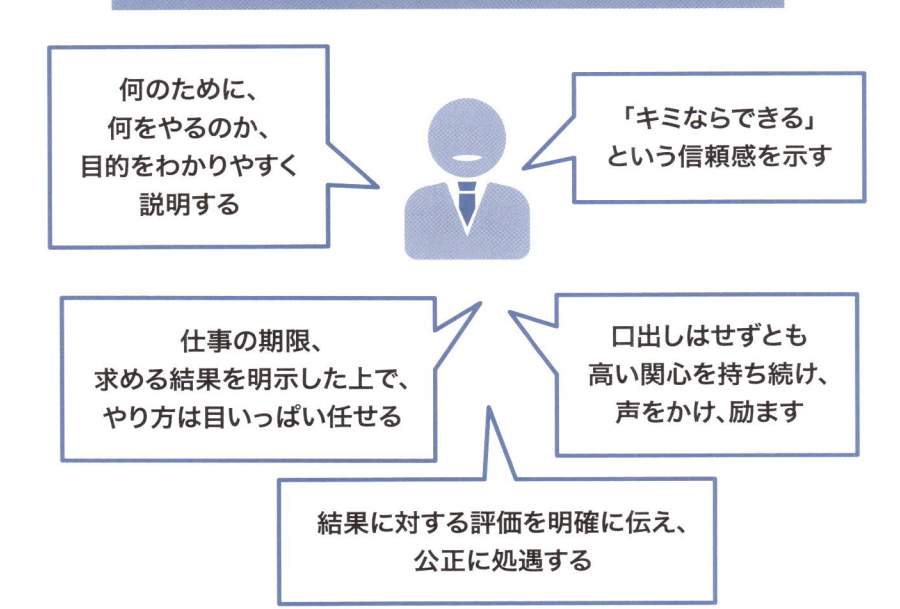

RULE 08

チームの「やりたい感」を高めるコツは？

巻き込み作戦でチームをやる気にさせる

メンバーに意欲、すなわちやる気が感じられない場合、どうするべきでしょうか。

メンバーのやる気を引き出すカギは、メンバーの「やりたい感」を刺激する「納得目標」の設定にあります。

では、「やりたい感」のある納得目標の条件とは何でしょうか。

納得目標と言っても、メンバーが勝手に目標を決めることではありません。会社が決めた目標を納得してもらうことが納得目標です。

そのためには、まずメンバーに07で述べた「仕事の方向性」を理解させることから始めなければなりません。

なぜ、この目標が必要なのかを、会社の理念から説き起こし、メンバーに納得させることが肝心です。

この話し合いがないと、メンバーは自分の目標を納得することができません。強制目標となり、「やらされ感」が生じます。理念のない目標はノルマと化します。

話し合いでは、メンバーの意見を取り入れて実行計画をつくります。

メンバーと一緒に目標と実行計画をつくることで、会社の目標とメンバーの目標は一致したものとなります。

私はこれを**「巻き込み作戦」**と呼んでいます。

巻き込み作戦によって、メンバーは「やったるで！」と強く目標にコミットメントすることとなります。

目標がメンバーの「マイベイビー」となり、「絶対達成するぞ！」という決意が生まれるのです。

メンバーへの強制目標を
メンバーの納得目標にする

「やらされ感」＝ 強制目標

➡メンバーは力を発揮しない

「巻き込み作戦」

メンバーと目標を「共につくる」

➡メンバーにコミットメントさせると
目標がメンバーの「マイベイビー」になる

「やりたい感」＝納得目標

➡メンバーにやる気が生まれる

RULE 09

人間力のあるリーダーになるには？

これぞと見込んだ人の真似から始めよう

私は、30代で日本コカ・コーラにマーケティング部長として移ったとき、仕事力では誰にも負けない自信がありました。

しかし、**私はこのとき仕事力だけでは人は喜んで付いてこないという苦い発見をしました。**

私は悩み、その当時、私淑《ししゅく》していた大先輩に相談をしました。

大先輩は私に、「君には仕事の力がある。しかし、君が仕事ができるだけでは、部下は喜んで付いていかない。高い仕事力に加えて、高い人間力も備えている上司の後に、部下は喜んで付いていくのだ」と教えてくれました。

部下が喜んで付いてくるリーダーには、権威や信用、信頼を含む「人間力」がなくてはならないことを私は身をもって知ったのです。

では、人間力とはどうすれば身に付けることができるのでしょうか。

私はピーター・ドラッカー、デール・カーネギー、安岡正篤《やすおかまさひろ》のような、人間力があると見込んだ人の言動を徹底的に研究し、その言動を真似ました。

「学ぶ」とは「真似ぶ」です。

人間力のある人の言葉づかいや行動を真似ることで、その人の人間力を「真似ぶ」ことができます。

私は、それこそ、歩き方や表情まで、とことん真似しました。

そうして数カ月が経つと、部下から「新《あたらし》さんは変わった」という声が聞こえ始めました。

少しずつ、しかし着実に、よそよそしく冷たかった部下の態度が、明るく楽しげなものに変わってきたのです。

「学ぶ」ことは「真似ぶ」こと

例

ピーター・ドラッカー

デール・カーネギー

安岡正篤

人間力があると見込んだ人の言動を徹底的に研究して真似る

↓

見込んだ人の言動を真似ることで「人間力」も「真似ぶ」ことができる

RULE 10

知恵と勇気を授けてくれるメンターを探そう

本物のリーダーになるには?

ビジネスパーソンが成功の道を歩むためには、メンターという存在は不可欠と言えます。

欧米では、3人のメンター(Mentor)がいれば、その人の人生はバラ色であると言います。

メンターとは、ひと言でいえば「人生の師」です。自分のことをよく知っていて、いつでも親身になって相談に乗ってくれる人であり、知恵と勇気を授けてくれる人をメンターと言います。

09で、私に「人間力」の大切さを教えてくれた大先輩も、私のメンターのひとりでした。

では、どういう人がメンターになり得るのでしょうか。左図にポイントを3つ挙げてみました。

会社の上司がメンターであれば、これほど幸運なことはありません。しかし、往々にしてコトはそううまく運ばないものです。

社内にメンターがいない場合は、どうすればよいでしょうか。

リーダーに奨めたいのは、外に出てメンターを探すことです。社外のメンターと出会うチャンスは、探せばいくらでもあります。異業種交流会やセミナーや研究会に参加するのもよいでしょう。

人と出会う機会をつくり、謙虚な姿勢で優れた人の輪の中に入れば、必ずどこかで尊敬できる相談相手に巡り合えます。

メンターとは、意識して「探すもの」です。それでも見つからないときには、書物にブックメンターを見つける方法もあります。いわゆる「座右の書」です。

09で挙げたドラッカー、カーネギー、安岡正篤は、私にとってのブックメンターでした。

メンターを選ぶときの3つのポイント

①

学べる点があること

→ つきあっていると、人生や歴史や経営についていろいろ学べると感じられる人を選ぶ。価値観、ウマが合うというのも重要。

②

3人はメンターを持つ

→ 本当は5人いればベスト。しかしメンターにふさわしい人はそう多くはいない。少なくとも3人は見つけよう。

③

相手にパーフェクトを期待しない

→ 人間は神様ではないから、どんな人にも欠点がある。メンターの欠点よりも、良いところを真似て、学んで身に付けよう。

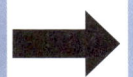

コラム

難題を解決する「象を食べる」テクニック

ビジネスでは、とても歯が立たないと思われるような大問題に突き当たることがあります。

そういうとき、自分にはとても手に負えないとあきらめてしまえばそこで終わりです。そこから先の進歩も成長もありません。

大きな問題、難しい問題を解決するにはテクニックがあります。

それは「象を食べる」テクニックです。

もちろん実際に象を食べるわけではありません。

大きな象はそのままでは食べられません。

だから、小さく切り分けて食べることになります。

同様に、大きな問題、難しい問題は、問題を小さく切り分け、小さな問題を一つ一つ解決していくことで、問題全体を解決することができるのです。

これを「エレファント・テクニック」と言います。

大きな問題、難しい問題は、いきなり解決に取り組めるものではありません。

解決が可能なサイズまで小さく切り分けることが、問題解決の有効な方法なのです。

第2章

部下を育てるリーダーになる12のルール

部下を育てるリーダーになる5つのポイント

部下の潜在能力を最大限に引き出してこそ、本物のリーダーと言えます。チームをまとめあげて、部下とともに結果を出すための5つのポイントを学びましょう。

Point 1

部下と良い関係を築くには？

部下が話しやすくなる環境で「ラポール」を築こう。

Check 11、12、13

Point 2

リーダーにふさわしい話し方とは？

「VSE」を意識して部下より先にあいさつをしよう。

Check 14、15

Point 3

部下をうまく活用するには？

きちんと部下の評価をし仕事を任せてみよう。

Check 16、17、18

Point 4

部下の問題点を改善するには？

部下のタイプにふさわしいやり方で接しよう。

Check 19、20

Point 5

さまざまな部下との付き合い方とは？

年上や外国人などの部下はこう指示しよう。

Check 21、22

RULE 11

職場の雰囲気を明るくするには？

「スピーク・アウト」が職場の雰囲気を明るくする

職場の雰囲気を良くするにはどうしたらいいでしょうか。

それは、スピーク・アウト（Speak Out）ができる環境づくりです。

スピーク・アウトとは、「率直にものを言う」といった意味と捉《とら》えてもらっていいでしょう。

職場は、社長が「明るくしろ！」と言っても明るくなりません。職場を明るくするには、職場にいる一人ひとりが明るく元気になることが肝心です。

人は、思ったことを思ったとおりに話すことによって明るく元気になるものです。

とはいえ、職場の人々が自由にものを言うようになるには、リーダーの働きかけに加えて、一定のトレーニングも必要です。

スピーク・アウトを習慣化するのも、「一日にしてならず」なのです。

そのため私は、「話そう会」という名の、7～8人で自由闊達《かったつ》に話をする場を設けました。

参加者は、1人必ず2回はスピーク・アウトするというのがルールです。

テーマは、「会社をより良くするため、仕事をより良くするため」であれば、何を話してもOK。雑談もOK、脱線もOKです。ただし批判・苦情はご法度《はっと》です。

スピーク・アウトのある職場とは、コミュニケーションレベルの高い職場でもあります。

リーダーは、自身のコミュニケーションレベルを上げるよう努めなければなりません。

左表は私が提唱するコミュニケーション10カ条です。これらを意識して部下と接してみましょう。

コミュニケーション10カ条

第1条 コミュニケーションは、まず「聴く」ことから始めよ。

第2条 コミュニケーションで重要なのは「自分が相手に何を言ったか」ではなく、「実際に何が伝わったか」であると心得よ。

第3条 コミュニケーションでは、相手の目を見て大きめの声でゆっくりめに話し、相手と波長を合わせることを心がけよ。

第4条 話の順序は、相手によって起承転結の「結」から話せ。

第5条 コミュニケーションは時間をつくって行なう仕事上の優先課題である。

第6条 真のコミュニケーションはフェイス・トゥ・フェイスでなければならない。Eメールは簡単な情報伝達手段にすぎない。

第7条 悪い話(Bad News)ほど速やかに報告せよ。

第8条 みんなのため、仕事のために良かれと思ったことは、立場を超えてどしどし発言(Speak Out)すべし。

第9条 「Agree to Disagree」異論も意見として認めよ。

第10条 飲みニケーションは「Nice to Do」であっても「Must Do」であってはならない。
真のコミュニケーションが行なわれる場は職場である。

RULE 12

部下とうまくコミュニケーションをとる方法は？

「8聴き2しゃべり」で部下の聞き役に回ろう

部下との間に心の通い合う関係を築くには、ある程度時間をかけて、コミュニケーションの質と量を上げることが原則です。

そこで大事になるのが、部下の話を積極的に聴くことです。肝心なことは、「聞く」ではなく「聴く」ことにあります。

「聞く」とは、門の中にいて耳だけで聞いている様です。終始受身の姿勢といえるでしょう。

一方、「聴く」とは、耳＋目＋心を使って、全神経で相手の話を聴いている様《さま》です。

この姿勢を英語では、アクティブ・リスニング（Active Listening）またはジェネラス・リスニング（Generous Listening）と言います。

上司と部下の関係では、多くの場合、もっぱら上司がしゃべり役、部下は聞き役ですが、その関係を思い切って転換してみることです。

これは上司であるあなたが、意識して実行すればできることです。

私は、上司は「8聴き2しゃべり」くらいのバランスが適切と考えています。

人は自分を尊重する人を尊重します。

大事なことは、リーダーが部下に関心を示すこと。関心を示されることで、部下はリーダーに対し、「自分に関心があり、自分のことをよくわかっている人」と意識するようになるはずです。

ですから、リーダーの心得は「8聴き2しゃべり」を徹することにあります。

大事なのは、リーダーから積極的に部下に声をかけ続けることです。

そのひと声が部下の心に響くのです。

部下は自分を尊重する上司を尊重する

通常の上司（しゃべり役）と
部下（聴き役）の関係を
逆転させてみる

↓

積極的に部下の話を
傾聴することで部下は自分が
尊重されていると自覚する

RULE 13

部下と信頼関係をつくるには？

部下と「ラポール」を築くことが何より大事

12の「8聴き2しゃべり」を続けていくと部下との間に「ラポール」が生まれます。

ラポール（Rapport）とは、フランス語で「共感」を意味します。心理学用語では、共感に基づく信頼関係、心の通い合った関係のことです。

私は、ラポールを「心の架け橋」と意訳しています。リーダーと部下の間は、ラポールのある関係が理想です。

部下と気心の知れた関係を築くには、堅い話よりも雑談のほうが部下の感情に響きます。

「調子はどうだい」「この前のレポート良かったよ」「今日は誕生日だね」など、部下が答えやすい話題を心がけて、自分から積極的に声をかけましょう。

心の通い合う関係というのは、こちらが相手に心を許すだけでは成立しません。

相手もこちらのことを信頼し、安心して、心を開いてくれなければなりません。

人が、安心して心を開ける相手というのは、いわゆる「有徳の人」です。

中国の古典『菜根譚《さいこんたん》』には、「徳は才の主《しゅ》、才は徳の奴《ど》」という言葉があります。

私はスキル（才）のある人を「できる人」、徳のある人を「できた人」と言っています。

部下との間にラポールを架けるリーダーは「できる・できた人」です。

リーダーは、スキルだけの「できる人」では一流とはなれません。

スキルと人間力（徳）を備えた「できる・できた人」であって、はじめて部下は安心して、リーダーに心を開けるようになるのです。

リーダーから積極的に声をかける

**話題はなんでもいいが、
部下の答えやすいものを**

調子は
どうだい
この前のレポート
良かったよ
今日は
誕生日だね

**部下は頻繁に関心を示されることで
「自分に関心があり、自分のことを
よくわかってくれる人」という意識を持つ**

↓

部下との間に「ラポール」が築かれる

RULE 14

あいさつはどっちからする?

あいさつは部下からではなく上司の自分から

リーダーの話し方のなかで、特に大切なのが、あいさつです。

あなたは部下にきちんとあいさつをしていますか?

あいさつは「先に気づいたほうからする」というのが、あいさつのルールです。肩書やポジションであいさつの順番を決めてはいけません。

あいさつは下のものだけがすればよいことで、部下があいさつしても、ろくに応じない上司さえ時折見かけることがあります。

これでは、職場の雰囲気を明るくするどころではありません。

職場の雰囲気を良くしようと考えるなら、あいさつは、上司のほうから積極的に行なうようにするべきです。

私は日本フィリップスの副社長時代、あいさつは部下からという社内の悪しき習慣を破って、新入社員であろうと社員の顔を見たら、私から積極的にあいさつをするようにしました。

いつでも、どこでも顔を合わせたら、目を合わせ、笑顔で、やや大きめの声で行なうというのを徹底したのです。

続けること3カ月、社内はいつでもあいさつが飛び交う、明るく活気あるものに変わりました。

ご利益はそれだけではなく、あいさつによって社員が率直にものを言う(スピーク・アウト)という成果も得られたのです。

そのときの経験から、**人間的能力の高いリーダーは左図の「6つのK」と「3つのS」を持つものだ、と考えるようになりました。**

人間的能力の高いリーダーが持つ「6つのK」と「3つのS」

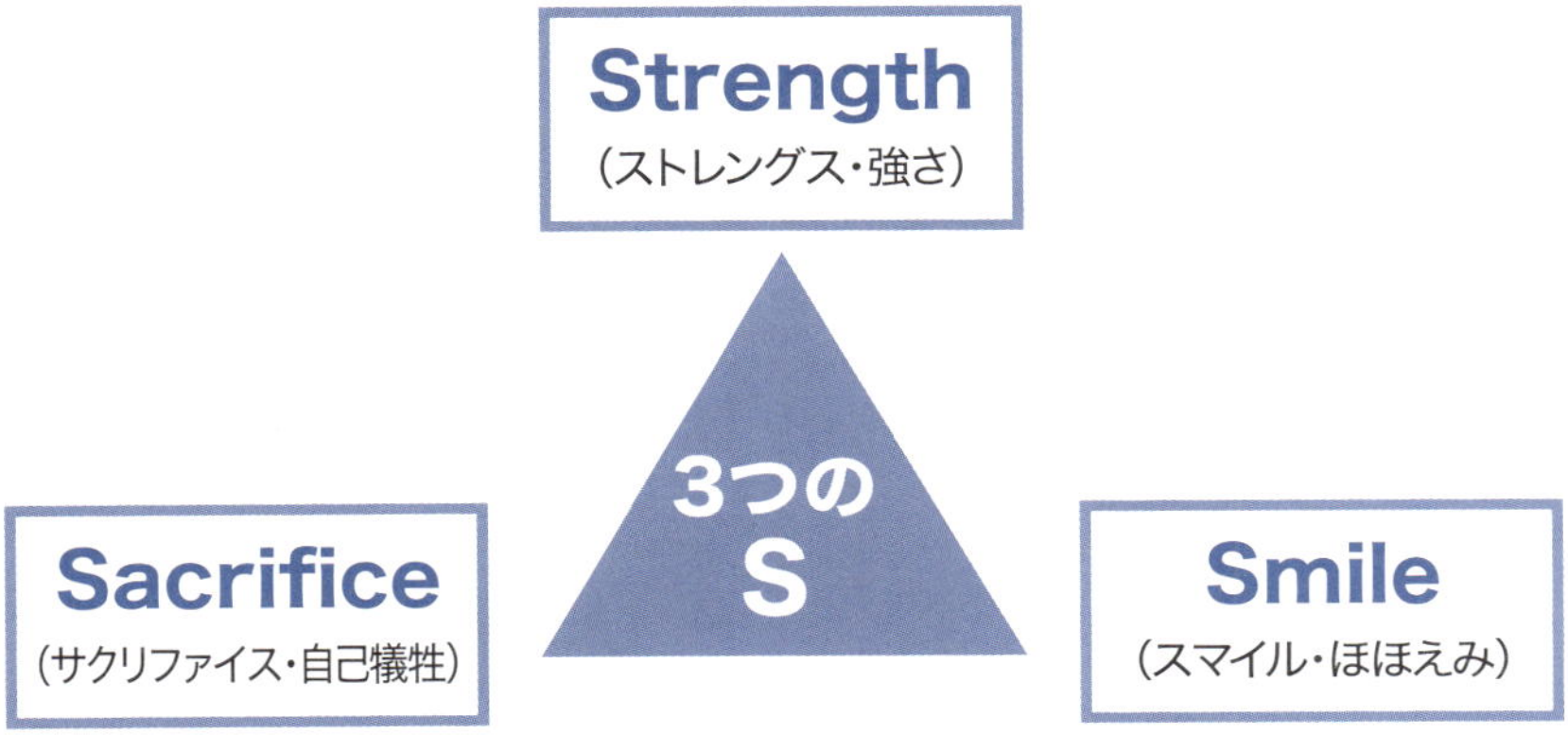

RULE 15

リーダーにふさわしいあいさつは？

良いあいさつの基本は「VSE」の3つ

あいさつを怠っていては本物のリーダーにはなれません。

私は訪問した会社が、良い会社か、そうでないかを訪問した瞬間に見分けることができます。

良い会社というのは、例外なくあいさつが良いからです。

あいさつというのは、相手の存在を認めるということにほかなりません。

あいさつをしないというのは、相手を同じ仲間と認めていないことになります。

それでは職場の雰囲気を明るくすることもできないですし、部下の心を開けるはずがありません。

あいさつは相手に対する好意と敬意の表現です。

では、良いあいさつの条件とは、どのようなものでしょうか。

私は良いあいさつとは「VSE」であると言っています。

VとはVOICE（声）のことです。あいさつはちょっと大きめの声（V）で行なうことを心がけたほうがよいでしょう。

SとはSMILE（笑顔）のことです。あいさつに笑顔は欠かせません。

Eとは、EYE（軽く目を合わせる）のことです。欧米人は、相手の目を見ずに話す人は信用しないものです。

アイコンタクトは「愛コンタクト」ですから、心の通うあいさつには、アイ（愛）があることが必要です。

張りのある少し大きめの声で、相手と目を合わせ、笑顔で行なうことがあいさつの基本です。

良いあいさつの基本は「ＶＳＥ」を意識する

V　Voice（声）

ちょっと大きい
張りのある声

S　Smile（笑顔）

軽いほほえみ

E　Eye（アイ・コンタクト）

相手の目を見て

張りのある、ちょっと大きめの声で
ニコッとしながら、相手の目を見てあいさつをするのが
「最高のあいさつ」

あいさつは相手に対する好意と敬意の表現である！

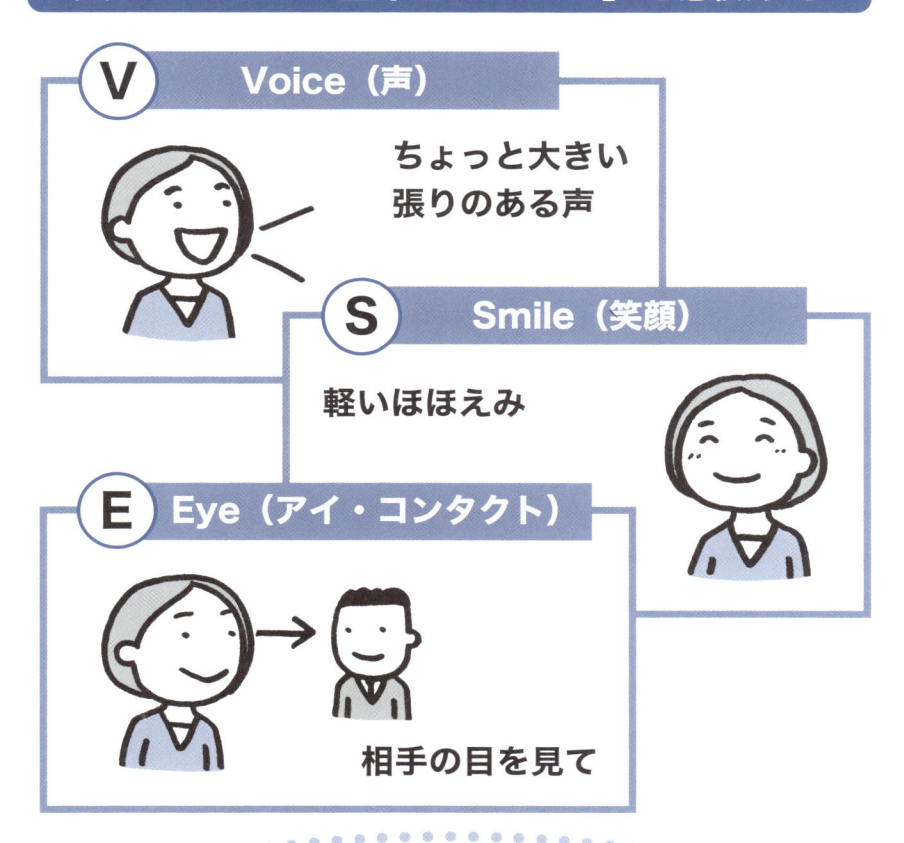

RULE 16

部下にどこまで任せていい？

部下に仕事を任せるなら「十分に任せる」

パナソニックの創業者の松下幸之助《まつしたこうのすけ》氏は、「仕事は思い切って任せることだ。任せることによって、自分でいろいろ考え工夫するようになり、持てる力が十分発揮され、成長もしてくる」ということを言っていました。

ところが、上司は部下に任せているつもりでも、上司が思っているほど部下は任されているとは感じていないものです。

したがって、**リーダーが部下に仕事を任せるときには、「任せるなら、十分に任せ切る」を心がけることが重要となります。**

上司が部下に任せ切れないのは、部下の失敗が心配だからです。

その心配の中には、もし部下が失敗すれば、任せた自分にも責任が及ぶという不安と恐れもあるはずです。

しかし、そんなケチな根性では、部下を成長させることはできません。

経験のない部下のやることは心配で見ていられないでしょうが、それでも我慢して任せるのがリーダーなのです。

左図の「部下への仕事の任せ方の5段階」を参考に、部下に仕事を任せていきましょう。

繰り返しますが、部下に仕事を任せたら、任せ切ることが原則です。

あとは、決定的に間違ったやり方をしているとき以外は見ているだけにとどめなければなりません。

上司の余計な介入は、部下にしてみれば「なんだ、結局、任せてくれないんだ」と、上司に対する不信感、失望感さえ生んでしまうものです。

部下への仕事の任せ方の5段階

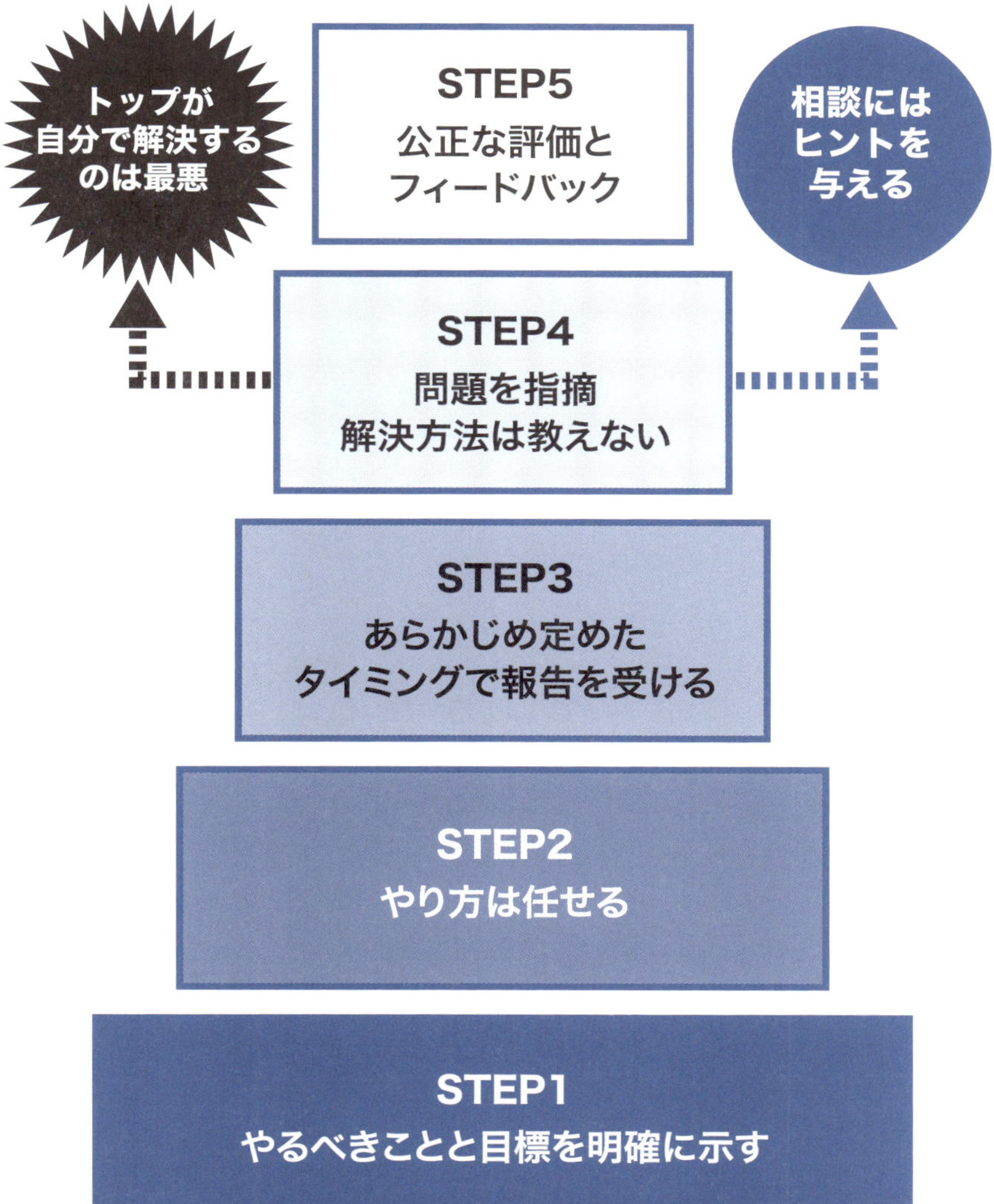
トップが
自分で解決する
のは最悪
STEP5
公正な評価と
フィードバック
相談には
ヒントを
与える
STEP4
問題を指摘
解決方法は教えない
STEP3
あらかじめ定めた
タイミングで報告を受ける
STEP2
やり方は任せる
STEP1
やるべきことと目標を明確に示す

部下が育つ任せ方には3つの原則がある

16で説明したように、任せることは人を育てる上での原理原則であり、不変の真理です。

「人を育てるための最も効果的な方法は、任せることである」とピーター・ドラッカーも言っています。

ただし、任せるといっても、正しい任せ方と誤った任せ方があります。

間違った任せ方とは、放任です。

任せるとは権限移譲（デリゲーション Delegation）ですが、放任では権限放棄（アブディケーション Abdication）となってしまいます。

正しい任せ方には、「事前の瀬踏み」「中間報告」「ヒントを与える」という3つの原則があります。

「事前の瀬踏み」が必要なのは、むやみやたらと任せてしまっては、任された部下にとって過重負担になることがあるからです。

A君ならここまで任せられるが、B君にはその一歩手前までと、相手に応じて質と量を見極めることが、任せるものの責任でもあります。

「中間報告」とは、あらかじめスケジュールを決めて進捗の報告を受けることです。

任せたのだから後は知らないというのは、放任に過ぎません。

リーダーには任せた責任があり、部下には任された責任があります。両者の責任を果たすためには、定期的に進捗《しんちょく》経過の報告が必要なのです。

「ヒントを与える」とは、部下の質問や相談に対して解決策や答えは教えず、ヒントに留めるということです。

部下の相談に正解や解決策を教えてしまうのは、部下の成長の機会を奪うことにほかなりません。

部下に仕事を任せるときの「3つの原則」

1 事前の瀬踏み

A君ならここまで任せられる、
B君にはその一歩手前までと、
相手に応じた任せ方を見極める。

2 中間報告

スケジュールを決めて
進捗の報告を受ける。
任せっぱなしは無責任の極みだ。

3 ヒントを与える

中間報告の場や部下から相談が
あったとき、解決策や答えは
教えず、ヒントに留める。

RULE 18

部下の評価のポイントは何？

公平な評価は「ファクト評価」「他人の評価」も参考に

部下の不満の多くは、「評価」に関することだと言われますが、そもそも人が人を評価するというのは、それほど簡単なことではありません。

評価を誤る原因は、先入観にあります。

「彼は挑戦心がないから」、あるいは「彼はできるやつだから」と、先入観で評価することは、どちらも部下のやる気を奪う評価の仕方です。

公正な評価とは、「ファクト（事実）」に基づいた評価でなければいけません。

ファクトとは「プロセス＋結果」です。

結果は、単に運が良かっただけということもあります。ですから、プロセスを合わせて評価する必要があるのです。

プロセスの点検は部下の成長を促します。

評価は、プロセスにまで目を配って行なうことを心がけるべきです。

一方、ファクトだけでは評価できないこともあります。

私の社長時代のことです。私は、2人の課長のどちらかを部長に昇格させようと考えていました。

ファクト評価は、ほぼ差がありません。

迷った私は、あれこれ2人に関する情報を集めました。すると、2人の人物評がいろいろ耳に入ってきました。私はこの人物評で人事を決めました。

周囲の人物評は、五分五分程度であれば人事評価の参考とはなりませんが、90％の衆目が一致するのであれば、軽視するべきではありません。

評価はファクト評価が基本ですが、人物は「衆目の一致」する評価であれば、参考意見として取り上げるべきです。

先入観が部下への評価を誤らせる

部下への評価の悪い例

- マイナス先入観 ➡ 例：「彼はできないヤツだから」
- プラス先入観 ➡ 例：「あいつはいいヤツだから」
- パターン化 ➡ 例：「あいつは○○タイプだな」

部下の評価の方程式は

「ファクト（事実）＝プロセス＋結果」

⬇

ただし周囲の90%が
同意するような
「衆目の一致」は参考にする

RULE

19

部下を叱るときのコツは？

部下を叱るときは「ヒト」を叱らないこと

上手な叱《しか》り方とは、叱られた部下が叱られる前よりも、やる気が増す叱り方です。

叱るという行為は、相手の成長を本気で望むゆえの行動であり、リーダーには根底に「育ってほしい」という本当の愛情と情熱がなくてはなりません。

それが、成長につながる良い種が心に播《ま》かれることになります。

では、上手な叱り方のコツとは何でしょうか。

それは「コト」を注意し、「ヒト」を叱らないことです。

コトを叱って、ヒトを叱らずとは、ひと言でいえば「叱る」のではなく、間違いを指摘して正すこと、すなわち「注意する」ということです。

ヒトを叱るとは、「だからおまえはダメなんだ」「ここまで能なしだと思わなかった」など、激しい人格否定の言葉をぶつけることです。

「叱る」には、原点に部下の成長を願うという愛情がなければいけないにもかかわらず、これでは「怒る」であり、その原点には感情しかありません。

怒りの感情に押し流されてしまうようでは、正しい叱り方とはほど遠いものとなってしまいます。

ヒトを叱るケースは、もうひとつあります。

「これは叱らなきゃ」と勇んで向き合うと、ついつい優越感に浸ってしまい、消沈している相手を懲らしめることに夢中になりかねません。

ですから、はじめから「ヒトを叱ろう」などとは思わないことです。

「コトを注意する」という意識で、部下の間違った行為だけを捉え、何が間違っているのか、どう修正したらよいのかを、冷静に説明することです。

上手に叱るコツはヒトを叱らないこと

ヒトを叱る	コトを叱る
↓	↓
「だからお前はダメなんだ」 という部下の人格否定	「部下の間違った行為を指摘 どう修正するのかを説明
↓	↓
部下の根深い恨みを買う	部下は納得して 間違いを正す
×	○

RULE 20

部下の問題点を改善するには？

出来の悪い部下は変わるのを側面支援しよう

リーダーとしては、成績の振るわない部下、行《ぎょう》状《じょう》の悪い部下の扱いに悩みます。

彼らを更生させる方法はないでしょうか。

出来の悪い部下というのは、概《おおむ》ね次の４つに分けることができます。

❶ビジネスパーソンとしての基本的な能力に欠ける。素質に欠けている。

❷基本的な能力も素質もあるが、現在の仕事に対する適性がない。

❸能力も適性もあるが、やる気がない。

❹どういう働きを求められているかわからず、ピントがズレている。

❶の能力不足の部下に対する処方箋《しょほうせん》は、スキルアップのトレーニングが必要です。

もう1つ、能力に応じて仕事の負荷を減らすという方法もあります。

❷タイプの解決法は配置転換です（左遷ではありません）。

私は営業成績の上がらない社員を、思い切って営業から外したことがあります。経理部門へ移した彼は、水を得た魚のように甦《よみがえ》りました。

❸タイプへの処方箋は、意欲が落ちた理由を明らかにし、改められることから改めることです。

❹は上司が自分は部下に何を求めているか、役割は何なのか、何が目標なのかを納得できるまで説明することで改善は可能です。

それでもなお本人に改善の兆しがなければ、左遷やクビを決断することもやむを得ません。

逆に言えば、**これだけのことをやらなければ、左遷やクビなどしてはいけないということです。**

出来の悪い部下の改善策

タイプ	改善策
① ビジネスパーソンとしての基本的な能力、素質に欠ける	本人に能力（スキル）トレーニングの機会を与える。あるいは、能力に応じて仕事の量を減らす。本人の負荷を減らすのが結果に結びつきやすい。
② 基本的な能力も素質もあるが、現在の仕事に対する適性がない	配置転換をする（左遷ではない）。適材適所への転換でまったく覇気のなかった人間が水を得た魚のように蘇る例はままある。
③ 能力も適性もあるが、やる気がない	意欲を阻喪《そそう》させている理由、原因を明らかにし、改められることから改める。会社と社員では、「やってほしいこと」と「やりたいこと」が常にすれ違うことが多い。
④ ピントがズレている。どういう働きを求められているかわかっていない	上司が自分は部下に何を求めているか、役割は何なのか、何が目標なのかを納得できるまで説明する。

RULE 21

部下が年上だったら、どう接する？

年長の部下には「長幼の序」を忘れずに

かつての上司が、定年後の再雇用で自分の下に配属される。そういうことが、当たり前となりつつある時代です。こういう場合に、年上の部下にどう接するべきでしょうか。

自分が部下だったときには、上司から「○○クン」と呼ばれた人が、立場が逆転してかつての上司から「○○サン」と呼ばれることもあります。

これを「サンクン交替」と言うようです。

ただし、現在の自分の立場を背景に、かつての上司に対し横柄に振る舞うようでは問題です。**長幼《ちょうよう》の序《じょ》を守らないリーダーが、人から尊敬されることはありません。**

権力や地位を背景に、年上の人に横柄、不遜な態度をとれば、傲慢な人、品性のない人と周囲から蔑《さげす》まれてしまいます。

年上の部下に対しては、原則は1つです。

それは**ポライト・バット・ファーム Polite But Firm**です。ポライトは「礼儀正しく」、ファームは「毅然《きぜん》として」という意味です。

自分より多くの経験を積み重ねてきた人に対しては、敬意を払い、礼を失することなく接するというのが、人間としての基本中の基本です。

その一方で、仕事においては不要な遠慮などせず、毅然とした姿勢を保つことも大事です。

特別扱いや、よけいな配慮は、かえって年長者のプライドを傷つけ、モチベーションを下げてしまいかねません。

他のメンバーの心の中に、不公平感を生む恐れもあります。心すべきは、ポライト・バット・ファーム、「態度丁寧《ていねい》、指示毅然」なのです。

年上の部下への対応のポイント

年上の人に不遜な態度を取る。
かつての上司に横柄な態度を取る。

↓

「長幼の序」を守らないリーダーは
尊敬されない！

年上の部下の
扱いは

「ポライト・バット・ファーム」
（礼儀正しく、毅然と）

- 部下であっても人生の先輩。リスペクトを忘れない。
- 仕事の上では不要な遠慮をせず、毅然と指示をする。
- 体力面に配慮し、仕事の割り当てなどには気遣いをすること。

RULE 22

外国人の部下とうまく付き合うには？

外国人の部下には「論理」と「数字」で接する

グローバル化する現代では外国人の部下を持つことも珍しくなくなってきました。

外国人とうまく付き合うコツは2つ。

1つは「イエス」「ノー」を明確にすること。もう1つは、話を論理的に組み立てることです。

日本語には、外国人にはわかりにくい、あいまいな表現があります。

「善処します」、「何とかします」などの表現は、日本人同士であれば単なる社交辞令と捉《とら》えますが、外国人、特にアメリカ人にとっては、どちらもイエスです。

したがって、その後に何の進展もなければ「ウソをついた！」ということになります。

「とにかく頑張れ」、「あとはよろしく」という部下に言っても、日本人同士であれば通じますが、外国人の部下には、何をどうしろと言っているのか意味不明な不完全な指示でしかありません。

日本人のコミュニケーションは、「以心伝心」や「義理・人情・浪花節」や「忖度《そんたく》」など情緒的な部分に軸足を置いていますが、欧米の人々は論理を軸にコミュニケーションを取ろうとします。

したがって、外国人には論理の筋がきちんと通し、あいまいさを排した話の組み立てが必要です。

私は外国人には、何のために、何を、いつまでに、どれだけやらなければいけないのかを明確にして話をしています。

あいまいさを排除するために有効なのが、数字で示すこと。

外国人の部下に対しては、論理と数字をベースにコミュニケーションを取ることが肝要です。

日本人と外国人のメンタリティの違い

日本人

以心伝心
義理・人情・浪花節
忖度

外国人

論理（ロジック）
数字（ナンバー）

外国人部下との話し方のポイント

1　「イエス」「ノー」をはっきりさせる
2　論理的な展開を意識して話す

↑

日本人同士でも普段から
1と2を意識していると、
ビジネスの現場で役立つ

コラム

「ノーと言えない日本人」から意思表示できるリーダーへ

「国際会議でインド人を黙らせ、日本人にしゃべらせたら、その会議は成功である」という世界的に有名なジョークがあります。

日本人がはっきり意思表示しないというのは、もはや世界の常識となってしまっているようです。

その日本人が、最も苦手とする意思表示が「ノー」と言うことです。

これも有名なジョークですが、「日本人がイエスと言ったら、それはメイビー（多分）。日本人がメイビーと言ったら、それはノー。日本人がノーと言ったら、その人は日本人ではない」というものもあります。

以心伝心の文化を持つ日本人は、はっきりとした意思表示をしない傾向があります。

忖度《そんたく》という言葉がありますが、上司が「わかっているだろう」という態度を取っているようでは、それが自由にものが言える職場をつくる上でも、ときに障害となってしまいます。

風通しのよい職場をつくるには、まず日本的なあいまいさから改め、リーダー自らはっきりと意思表示する習慣を付けるべきなのです。

第3章

業績をアップさせるリーダーになる8つのルール

業績をアップさせるリーダーになる5つのポイント

闇雲にがんばっても、空回りしていては結果は出せません。成果につなげるために必要な計画の立て方、コミュニケーションスキルなど５つのポイントを学びましょう。

Point 1

計画を成功させるには？

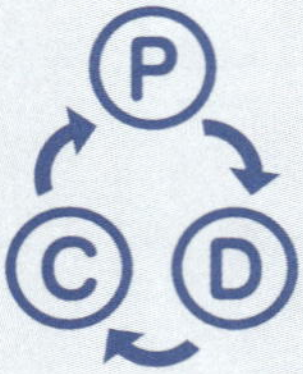

「SMART目標」と「PDCサイクル」を活用しよう。

Check 23、24、25

Point 2

プレゼン力を高めるには？

話術と表現力を磨けばどんどん実力アップ！

Check 26、27

Point 3

成果をあげるための心得とは？

ATM（あかるく、たのしく、前向き）の法則を。

Check 28

Point 4

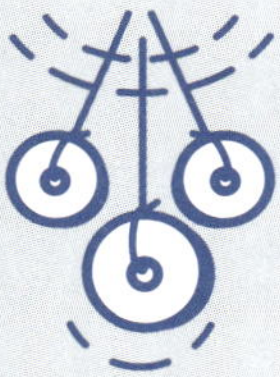

自信を付けるには？

自己暗示をかけてどんどん行動してみよう。

Check 29

Point 5

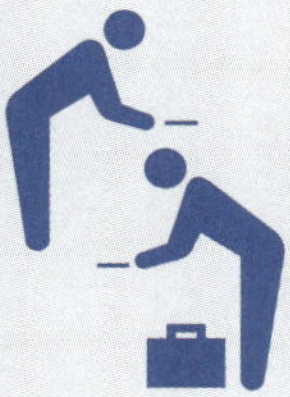

より効果的な接待とは？

「相手が喜ぶことは何か」をまず考えよう。

Check 30

RULE 23

計画した目標を達成させるには？

設定する目標は「SMART目標」で

目標がうまく達成できない、というときは計画の設定段階を見直してみましょう。

目標の達成率は、目標の設定段階で80%が決まると言われます。正しい目標設定をすることで、目標の達成率は上がるのです。

正しい目標設定の条件は左表の「SMART《スマート》目標」の5つのポイントです。

目標は総じて、すこし無理をしなければ届かないレベル、すなわち**ストレッチ（Stretch）**を必要とする目標でなければなりません。

次に目標を数値化することで、目標は単なる努力目標で終わることなく、ゴールを目指すものとなります。

"What gets measured gets done."（数値化できることは実行に移される）ということです。

目標は、3つ、多くても4つに絞り込むことで達成率が高まります。

マネジメント可能（Manageable）とは、目標を実行可能な数に絞り込むことです。

08で触れたように、目標は**納得（Accepted）**目標でなければいけません。同じ目標でも、「強制目標」と考えている人と「納得目標」と思っている人では、後者のほうが「やったるで！」という意欲が3倍近く高くなるといわれています。

目標を達成するには、**リソース（Resource＝資源）**が必要です。目標には、「資源の裏付け」を欠かすことはできません。

そして、何ごとにも**期限（Time）**があります。期限のない目標はありません。目標も期限設定がある事で達成率が上がるのです。

SMART目標とは

S =Stretch(ストレッチ)

背伸びやジャンプで届くレベルに設定する。
いわば「やってやれないことはない目標」である。

M =Manageable(マネジメント可能)

目標はマネジメント可能であってこそ実現性が高まる。10も20も目標を立てれば、どれ１つ満足な結果が出せない。3つか4つへの絞り込みが必要。

A = Accepted(納得)

会社がやってほしい目標と、社員がやりたい目標を一致させ納得させるためには、とことん話し合うことが肝心。

R =Resource(リソース)

ヒト・モノ・カネ・情報・時間という経営資源の裏付けが必要。
竹ヤリでは戦争に勝てない。

T =Time(期限)

目標には「いつまでに」「なにを」「どの程度まで」という時限設定がなければならない。

RULE 24

目標達成のカギって何？

目標は昇り龍のPDCサイクルで達成しよう

23で説明した通り、目標の達成率は、目標設定の段階で80％以上が決まります。

SMART目標は、成功率を80％に押し上げる方法ですが、問題は残りの20％です。

残り20％の鍵となるのが**「PDCサイクル」**です。**目標を達成させるプロセスでは、PLAN（プラン、計画）、DO（ドゥー、実行）、CHECK（チェック、改善）、すなわちPDCサイクルが欠かせません。**

計画には、常にやってみなければわからないところがあります。

したがって実行には、必ず途中で計画通りにコトが運んでいるのかをチェックする過程が必要です。

多くの人は、計画立案はするが、チェックを疎かにしがちです。チェックがなければ、改善はなく、改善がなければ、行動の質は上がりません。

正しいPDCサイクルとは、実行プロセスの中でポイント、ポイントでチェックを重ねることです。

そして計画どおりに進んでいない点があれば、その原因を究明し、必要な是正措置を取ることが必要です。

最初のチェックで問題の存在と原因を確認したら、改善策を立てます。ここまでで1サイクルです。

ここから2番目のPDCサイクルが始まります。

そして2回目のチェックでも、同様の原因追求、改善を加え、3番目のPDCへと進みます。

これが一回転するたびにレベルアップしていく「昇り龍のPDCサイクル」です。

チェックと改善のないPDCは、その場でくるくると回転するだけの「ハツカネズミのPDCサイクル」に過ぎません。

昇り竜のPDCサイクル

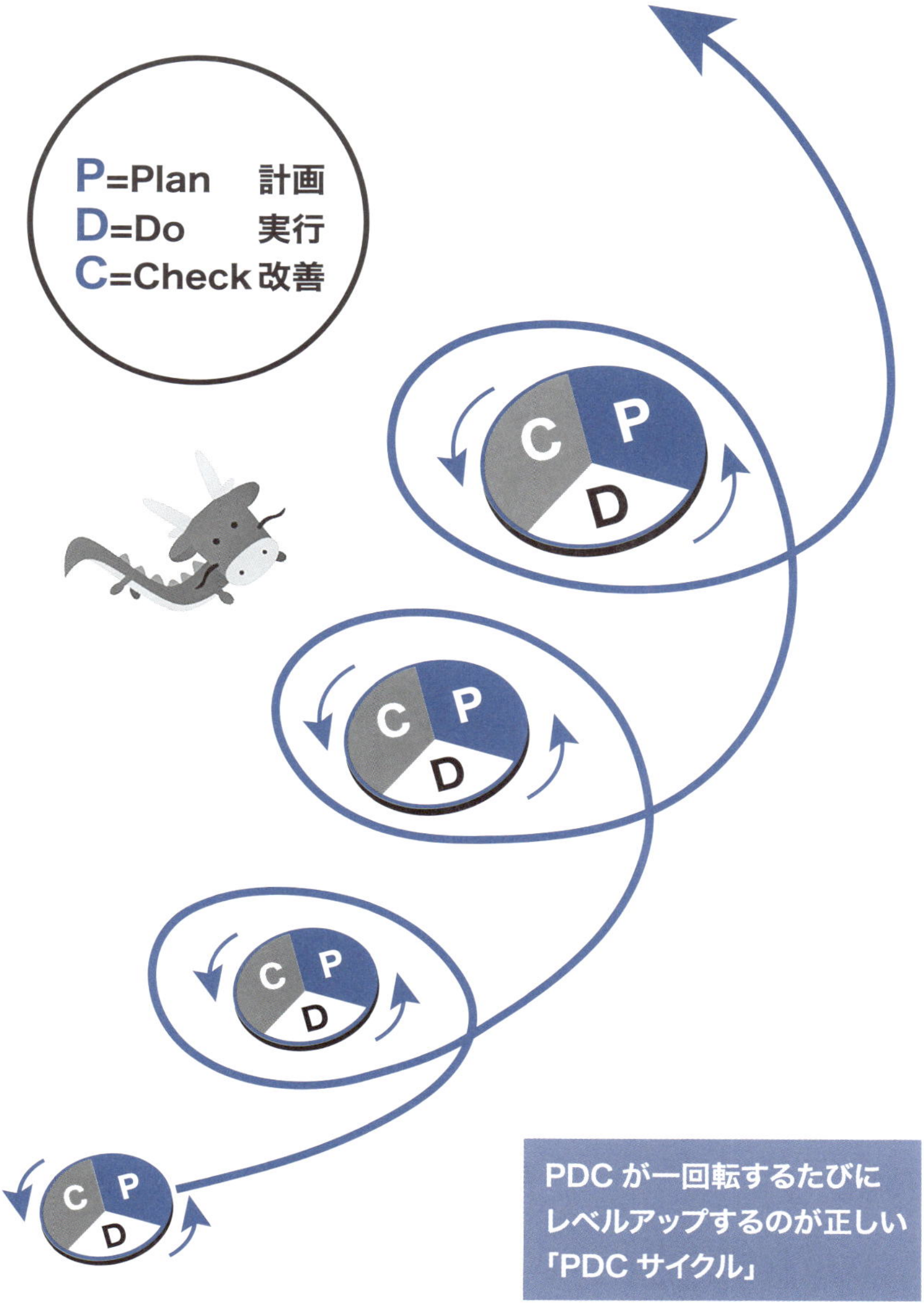

RULE 25

どんな計画だと結果が出る?

計画の立て方は「コーシャス・オプティズム」で

リーダーは結果を出さなければいけません。そのために計画は不可欠です。

では、目標どおりの結果を出すためには、どう計画を立てればよいでしょうか。

日産自動車には、昔から優秀な社員がたくさんいました。彼らは極めて高度で緻密な計画を立てていました。

にもかかわらず業績は上がらないままでした。

そこへ社長としてカルロス・ゴーン氏がやって来ます。彼はすぐさま日産の問題を見抜きました。

問題とは、計画さえ緻密に立てれば、後は自然と結果が付いて来るという社員の勘違いです。

名経営者の稲盛和夫《いなもりかずお》氏は、自身のオフィシャルサイトで「計画は悲観的に」「実行は楽観的に」と言っていました。私もこれが基本だと思っています。

英語にはコーシャス・オプティミズム(Cautious Optimism)という言葉があります。「考え方は慎重に、実行は明るく楽天的に」という意味です。

計画の段階では、悲観的にトラブル、悪条件を想定し、前もって対応策を計画に織り込んでおく。

そして実行段階では、「必ずできる」という信念を持って、楽観的に明るく実行するということです。

しかし、そもそも計画自体が杜撰《ずさん》であっては、いかにコーシャス・オプティズムで挑んでも、結果が付いてくることはありません。

私は、計画がうまくいかないのは、左表にある7つの項目に原因があると考えています。

まず、計画の段階から、7つのいずれかに当てはまるものがないか点検が必要です。

計画がうまくいかない7つの理由

1 そもそも目標が高すぎた

目標にはストレッチ（背伸び）が必要だが、今の実力では到底不可能という水準に目標を設定しては、達成できるはずがない。

2 部下が納得した計画でなかったため、みんなのやる気が出なかった

計画を実行するのは部下である。部下が納得して「何としても達成する」という気持ちになるには、各人が「ストレッチ・納得目標」（64ページを参照）を持たなければならない。

3 計画を実行に落とし込んでいない

計画が理にかなったものであっても、きちんと実行するためのプロセスに落とし込んでいなければ、計画は動かない。

4 他部門が協力を得られなかった

事業計画は会社全体で取り組むものである。「協働」が欠けていれば達成できない。計画段階から根回しが必要だ。

5 プロダクト・アウトが先行してマーケット・インがなかった

お客さまのニーズやウォンツを十分に検討し、反映した計画でなければ意味がない。ひとりよがりで終ってしまう。

6 目標達成に対するインセンティブがなかった

計画が達成されたとき、実行役である部下1人ひとりにどういう報いがあるかを明示しないと、心底からのやる気は出ない。

7 大きな状況下、変化（社内外）が起きた

悲観的に「あらゆる想定」をして対応策を織り込んでも、社内・社外に「想定外の事態」が起こることはあり得る。これは排除できない。

RULE 26

プレゼン力を付けるには？

相手の心を打つのに口達者である必要はない

企画のプレゼンや営業の現場など人前で話す機会が多いのに口ベタ、という人もいます。

しかし、口ベタだからといって、必ずしもそれがマイナスだとは限りません。

話術とは、自分の思いを相手に的確に理解してもらうための技術です。話がフルーエント（流暢《りゅうちょう》）であることは、必ずしも条件ではありません。

訥弁《とつべん》でも相手の心を打つことはできます。

相手の心に言葉が届くためには、口達者であることより大事なことが4つあります。

❶ 話の中身（コンテンツ）

話は中身が問題です。中身のない話、コンテンツのない話は相手に伝わりません。

❷ これだけは伝えたいという熱意

話には「絶対にこれを伝えたい！」という熱意が必要です。

若干の能力不足は熱意で補うことができます。

❸ 相手にわかる言葉や表現を選ぶ

私は講演をする際、欧米人、および英語圏の外国人に対しては英語で、日本国内でもグローバル企業の経営者を相手にするときは、ときどき話の中に英語を交ぜます。

しかし、一般社員や地方の中小企業経営者を相手に話をするときには、英語はなるべく使わないようにしています。

❹ 場数を踏む

話すというのも、1つのスキルです。訓練をすれば、ある程度までは伸びます。

したがって場数を踏むことで表現力は上がるものです。

話術がうまくなる４つのルール

1 話の中身（コンテンツ）

まず大前提として話に中味があること。中味のない話、コンテンツのない話は空虚、空疎で相手には伝わらない。

2 これだけは伝えたいという熱意

話でも文章でも、熱意を込めて訴えたいものがなければ、けっして相手には伝わらない。若干の能力不足は熱意で補うことができる。

3 相手にわかる表現を選ぶ

「人を見て法を説け」というが、相手と波長を合わせることは、コミュニケーションの原則である。

4 場数を踏む

場数を踏むことで表現力は上がる。しかし、ただ場数を踏んでいるだけでは伸びないこともある。それは経験から学ばないからだ。

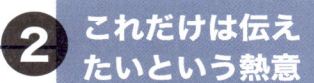

RULE 27

プレゼンがうまくなるコツは？

「4つのルール」で表現力を高めよう

26で説明した通り、訥弁《とつべん》でも熱意とメッセージに中身があれば、相手に伝わります。

とはいえ、それで話がヘタでもよいという結論にはなりません。

せっかく中身のある話でも、表現力がないばかりに、うまく相手に伝わらないのは、宝の持ち腐れとさえ言えます。**話のヘタな人と、うまい人の違いのひとつは表現力の差です。**

訥弁の人でも次の点を守れば、表現力を上げることができます。

❶ 事前に準備し、論理的な筋書きで話す

思いつきで話すのではなく、事前に話の筋を準備することが大切です。

❷ 五感に訴える表現を心がける

「メラビアンの法則」によれば、人は話の内容以外の情報から大きな影響を受けていると言います。

聴き手には、話の中身よりも前に、相手には態度や表情、それに声の調子に自信や熱意があるかというほうが強く伝わるのです。

❸ 相手の目を見るように心がけ、大きめの声でゆっくり話す

落ち着いた物腰というのは、相手に対しては自信のある態度に映るとともに、自分自身の気持ちを落ち着かせるというメリットがあります。

❹ 内容が伝わっているか、ときどき確かめる

「要約するとこうなります」と、途中で話の内容をまとめて理解を促すきっかけをつくります。

「この点をどう思いますか？」と問いかけてみるのも効果的な方法です。

表現力を上げる４つのルール

1 事前に準備し、論理的な筋書きで話す

思いつきで話すのではなく、事前に話の筋を考えそれに沿って話す。

2 五感に訴える表現を心がける

話の中味よりも前に、相手には態度や表情、それに声の調子に自信や熱意があるかというほうが強く伝わる。

したがって、無理に長い話をしようとせず、短い話をテンポよくつないでいくほうが効果的だ。

3 相手の目を見るように心がけ、大きめの声でゆっくり話す

相手の目を見ることによって反応も確認できる。反応によっては、あえて深追いはせず、話題を変えるという選択もできる。

4 内容が伝わっているか、ときどき確かめる

「要約するとこういうことです」と、途中で話の内容をまとめて理解をうながす。「この点をどう思いますか？」と問いかけてみるのも効果的だ。

RULE 28

成果を上げるリーダーになる心得は？

「ＡＴＭ」を心がけて仕事をしよう

部下に良い仕事をさせるには、まずリーダー自身が仕事を楽しんでいなくてはなりません。

私は、これまで多くの社長と会ってきましたが、彼（彼女）らに共通することがあります。**それはＡＴＭ（明るく、楽しく、前向き）だということです。**

「ＦＵＮでなければいい仕事はできない」

これは、私がかつて日本法人の社長を務めたジョンソン・エンド・ジョンソンの総本社の元ＣＥＯジェームズ・バーク氏の言葉です。

ＦＵＮとは、楽しむという意味です。

リーダーが暗くて、不機嫌で、ネガティブであっては、部下が前向きに頑張ろうという気持ちになるはずもなく、それでは部署の業績も上がりません。

リーダーたるもの、自ら努力して意識的にＡＴＭであるべきです。

そのためには、左ページに挙げたように「思考」「声」「姿勢」「表情」を意識して変えましょう。

ＡＴＭを習慣化するために、言葉づかいにも気をつけてみましょう。

否定的、消極的な言葉は、できるだけ使わず、肯定的、積極的な言葉を選んで使います。

「〇〇したいと思います」という言葉は、一見問題ないように聞こえますが、「思います」というのは中途半端です。しっかりと、「〇〇します」と言い切るようにしましょう。

部下への「頑張れ」という言葉は励ましのように聞こえます。しかし、部下に押し付けているようにも聞こえますので、「頑張ろう」と寄り添う言い方に変えるべきでしょう。

成功する人たちに共通する法則とは

ＡＴＭの法則

- **T**（楽しく）
- **A**（明るく）
- **M**（前向き）

成功するリーダーになるために変えたいポイント

思考

「なぜダメか」 → 「どうすればできるか」

声

小さな声 → 大きめの声

姿勢

姿勢が悪い → 姿勢を良くする

表情

笑顔がない → 常に笑顔を見せる努力をする

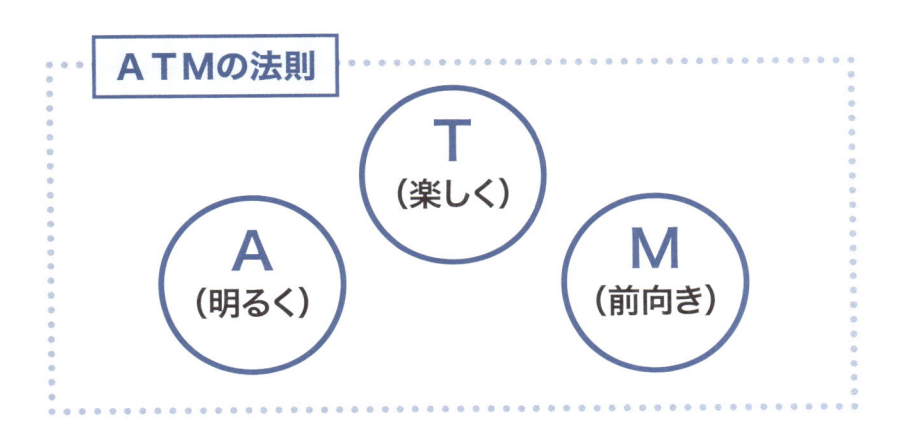

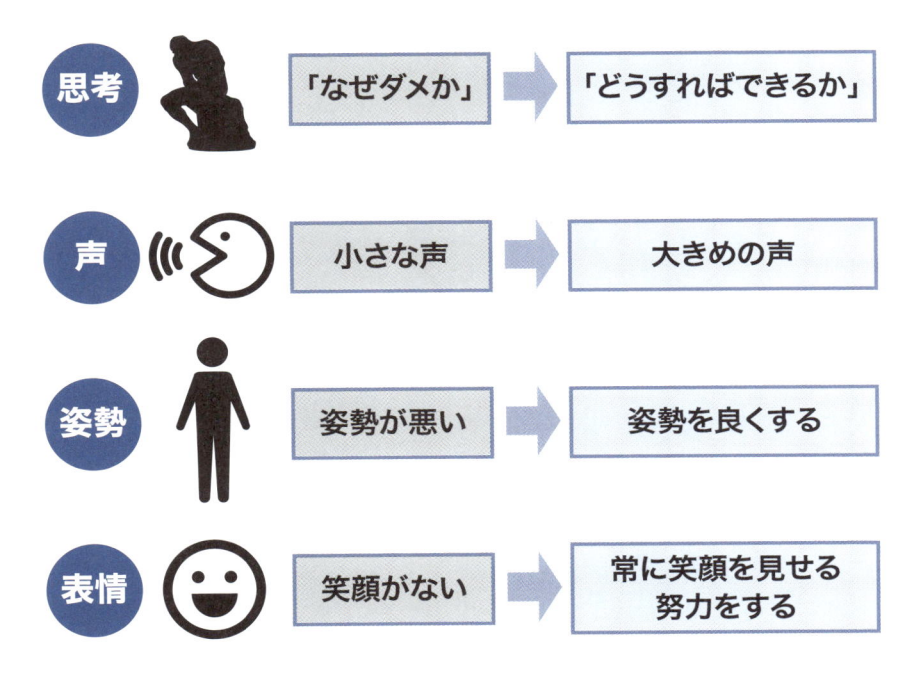

RULE 29

業績をアップさせる自信を付けるには？

「できる」と自己暗示をかけて自信を生み出す

自信に満ちあふれるリーダーの表情は、それだけで部下を安心させることができます。

部下は、きっと「このリーダーに付いていけば、どんな困難が訪れても大丈夫」と思うことでしょう。

では、どうすれば自信を付けることができるのでしょうか。私は、自信は自分でつくることができるものだと考えています。

人間とは自己暗示にかかりやすい動物です。

自ら「できる、できる」と自己暗示をかけていると本当にできるようになります。

心理学でもプラシーボ効果（偽薬効果）というものがあります。

良く効く薬だと信じ込んで服用すれば、それがただの小麦粉でも病気の回復に効果があるという実験結果も出ていると聞きます。

自己暗示には、「自己効力感」を生む効果もあります。自己効力感とは、「うん、できそうだ」という感覚です。

まずは「自分はできる」と強く信じること。

それが自信を付ける第一歩です。

ただし、自己暗示が自信となっているうちは良いのですが、人の心は良きにつけ悪しきにつけインフレーションを起こします。

自信は、往々にして過信へと変わり、やがて慢心となり、最後は傲慢に形を変えてしまいます。

傲慢の先には、破滅という化け物がパックリと口を開けて、呑《の》み込もうと待ち構えています。

自己暗示は、正しい自信を生むとともに、間違った過信を生むこともあるのです。正しい自信を保ち、けっして過信・慢心《まんしん》・傲慢《ごうまん》に陥ってはいけません。

自己暗示で本当の自信を生み出す

不　安

「自分ならできる」という自己暗示をかける

できるかもしれないという予感が生まれる

さらに強く「自分はできる！」と念じる

本当にできるようになる

自己暗示が本当の自信に変わる！

RULE
30

夜の接待が苦手。どうすればいい？

夜の接待以外で相手が喜ぶことを考えよう

リーダーになれば接待の機会も増えるものです。

しかし「夜の接待は苦手」という人も少なからずいるでしょう。

近年では下火になりましたが、日本のビジネス社会に接待は付きものでした。

公務員の場合は、20年近く前に「国家公務員倫理法」の施行により接待は著しく減少しました。

民間でも、接待などはよけいなコストであり、それより値引きしてもらったほうがよいという空気が強くなってきました。

接待をお互いの人間関係を良好にするための潤滑機能と位置づければ、必ずしも全面的に否定するものではないと私は考えています。

パナソニックの創業者、松下幸之助氏は、社員を叱った後には、社員の奥さんに電話したそうです。

そして奥さんに「今日厳しく叱ってしまったので、家に帰ったらいたわってほしい」と電話口で告げたといいます。

接待でも、上手な人は、目指す本人にではなく、その奥さんや家族の誕生日や何かの記念日に贈り物を届ける粋な計《はか》らいをするものです。

当人には告げずに、「今日は奥さまとの結婚記念日ですね。おめでとうございます」とのメッセージを添えて、薔薇の花を夫人に贈った人がいました。

先方の奥方はこの心づかいをいたく喜び、旦那さんに、ぜひこの人と取引するようにと家庭内圧力をかけたそうです。

酒食を提供する以上に相手が喜ぶことであれば、それが接待となります。**酒席には「よけいなお接待」もあります。夜の接待ばかりが接待ではないのです。**

夜の接待が苦手という場合には

酒席を設けるばかりが
接待ではない。
「よけいなお接待」もある

接待とはお互いの人間関係を
良好にするための潤滑機能

相手が喜ぶことであれば、
それが接待となる

コラム

ダメな部下をよみがえらせた方法とは？

本文の54ページでも触れた通り、私の部下に成績がまったく振るわない、能力も意欲も低い男が2人いました。

私は、彼らをビジネスパーソンとしてよみがえらせましたが、方法はそれぞれ違います。

1人は異動させました。

彼は営業力では劣るものの、ITスキルが高く、仕事は緻密でした。それで私は、彼のスキルはここでなら生きると考え、経理部門で会計システムの再構築を担当させました。

この異動によって、彼は水を得た魚のように生き生きと仕事をするようになり、態度も明るく積極的に変わりました。その後、彼は経理システムのリーダーとなります。

もう1人は降格しました。

これは降格によって彼を過剰な負担（ワークロード）から解放することが狙いでした。

彼は担当する顧客の数が減ったことと、担当エリアが小さくなったことで、負担が減り、成績は反転上昇をはじめます。

成績が上がったことで、降格で下がった彼の給料も元に戻すことができました。

降格には「リカバリー・ショット」の可能性がなければいけません

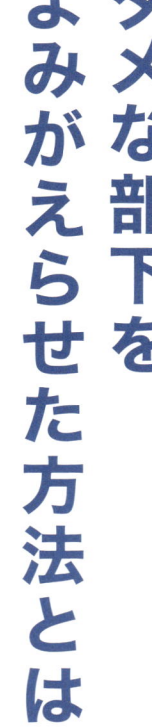

第4章

逆境を跳ね返すリーダーになる9つのルール

逆境を跳ね返すリーダーになる5つのポイント

人生は山あり、谷あり。逆境で、へこたれていては本物のリーダーとはいえません。逆境をチャンスにし、失敗を成長の力にする５つのポイントを学びましょう。

Point 1

社内での評価が低いと感じたら？

自分の仕事のやり方や考え方をもう一度見直そう。

Check 31、32、33

Point 2

上司とうまく付き合いたいのなら？

角が立たないやり方で上司をコントロール。

Check 34、35

Point 3

こちらから動いて相手の懐に飛び込もう。

Check 36

苦手な相手と向き合うときは？

Point 4

自分を変化させる大きなチャンスと考えよう。

Check 37

未経験の分野を任されたときは？

Point 5

冷静に自己査定をして「太る」転職を心がけよう。

Check 38、39

転職を成功させるには？

RULE 31

降格人事を受けた。どうすればいい？

降格の原因を分析し、ポジティブに行動しよう

もし降格人事を受けたら、あなたならどうしますか？

降格人事は、ビジネスパーソンにとってまさしく逆境です。

私も、課長から平社員に降格されたことがあります。28歳のときのことでした。

新入社員から課長になるまで、常に同期のトップを走っていた私にとっては、すべてが順調にいっていただけに、大変なショックを受けました。

何が悪かったんだ、これからどうしたらいいんだと、落ち込んだ日々を送ったものです。

それほどのショックですから、降格の辞令を受けたときに、降格させた上司や会社に恨《うら》みを抱き、やる気のない反抗的な態度を見せたり、手抜き仕事をする人の気持ちもわからないではありません。

しかし、これでは自分で自分の墓穴を掘っているようなものと、肝《きも》に銘じておくべきです。

なぜ失敗したのかを分析し、くさらずにこれまで以上に仕事に取り組めば周囲の評価も変わり、再浮上のチャンスも与えられます。

降格人事は、「おまえならもう一度這《は》い上がって来られるはずだ。初心に帰って自分を磨き直して来い」という激励と捉《とら》えるべきです。

心理学でいうレジリエンス（Resilience）とは、逆境をはね返して「復元」することです。

もしもあなたが今、逆境にあるのなら、元に戻るのではなく、元を超えることを目指しましょう。

降格から這い上がる過程で得たものは、きっとレジリエンス（復元）を超えた「超元」の力を授けてくれるはずです。

降格人事を受けたら、どうするべきか

ダメな ビジネスパーソン	良い ビジネスパーソン

・上司の悪口を言う ・仕事の手を抜く	・失敗の原因を分析する ・くさらずに仕事をする
↓	↓
周囲の評価が ますます下がる	周囲の見る目が変わり 評価が上がる
↓	↓
墓穴を掘ることに	再浮上のチャンスが 与えられる

降格人事は
「初心に帰って自分を磨き直して来い」という
強い激励のメッセージと捉えよう

RULE 32

社内での昇進が遅れているときは？

昇格できないならチームプレイの原則を見直そう

もしあなたが、「頑張っているのに昇格できない」と感じているとしたら、チームプレイの原則を考え、自分のやり方を見直してみましょう。

かつてある商社の30代の係長から、「パフォーマンス上手の同期に先を越されてしまった。どうしたらいいか」と質問されたことがあります。

上司が一番注目するのは、部下が出した結果です。アピールが上手というだけでは、自ずと馬脚《ばきゃく》があらわれてしまいます。

彼は同期の上司へのこまめな接触をすべてゴマすり、パフォーマンスの類《たぐい》と考えていました。それは正しくありません。

同じスキルレベルの部下がいて、1人はこまめに報告に来る。対してもう1人は、ほとんど報告に来ない。

もし、こういう2人の部下がいたら、上司はよほどのことがない限り、こまめに報告する部下のほうを評価するものです。

チームを預かるリーダーは、チームが今、どういう状況にあるかを常につかんでおきたいと思っています。

部下からの「ホウレンソウ（報告・連絡・相談）」は、上司にとってものどから手が出るほど欲しい貴重な情報なのです。

報告を怠る人は、チームプレイの原理原則がわかっていないのです。

したがってチームプレイヤーとして、一段劣って見られても仕方ありません。

チームプレイのできない人間をリーダーにできないのは、組織としては当然の評価といえます。

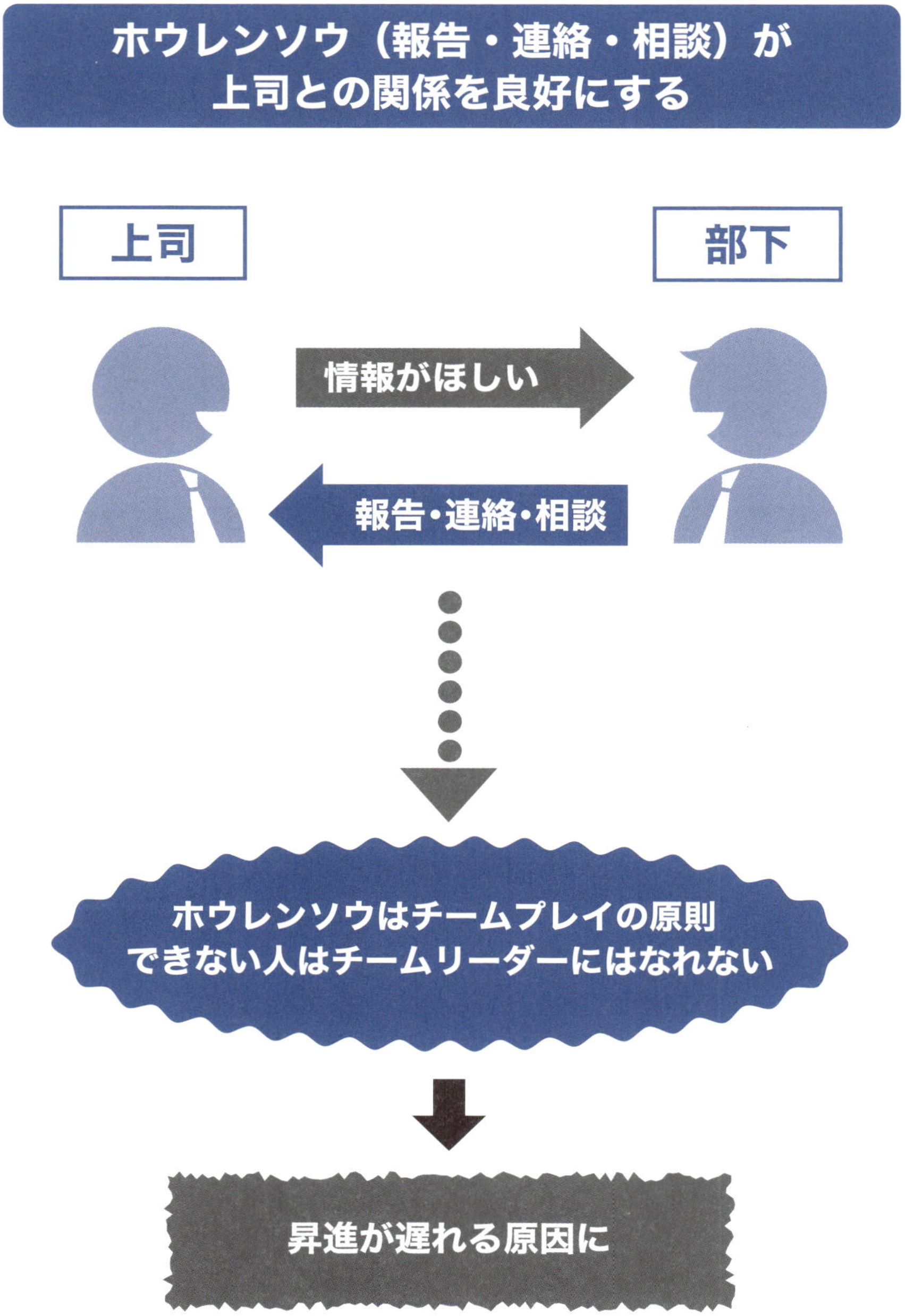
ホウレンソウ（報告・連絡・相談）が
上司との関係を良好にする
上司
部下
情報がほしい
報告・連絡・相談
ホウレンソウはチームプレイの原則
できない人はチームリーダーにはなれない
昇進が遅れる原因に

RULE 33

物事がうまく運ばないときは？

どうすればうまくいくか、自分に何ができるか考える

リーダーには、その立場、役割に応じた結果責任があります。

責任の大きさは、立場や役割によって変わりますが、結果責任を取るというのは、いかなる立場のリーダーであっても同じです。

いくらコミュニケーションスキルが高くても、部下の面倒見がよくても、**責任を取らないリーダーはだれからも信頼されませんし、尊敬もされません。**

最後の責任を負うから、リーダーはメンバーに信頼され、尊敬される存在なのです。

尊敬と信頼のないリーダーは、リーダーとはいえません。したがって、責任を取らないリーダーはリーダー失格です。

人間には、「他責人間」と「自責人間」がいます。

他責人間とは、自分の失敗はすべて他人のせいだと考える人のことです。

一方、自責人間とは、自分に起きていることはすべて自分のせいであると考える人です。

リーダーは自責人間でなければなりません。

"I own the problem. I own the solution."という英語があります。「問題は自分のもの。解決も自分のもの」という意味です。

物事がうまくいかないとき、他責人間は自分以外の原因を探しますが、自責人間はどうすればうまくいくか、自分に何ができるかと考えます。

人間とは弱いもので、物事が自分の思ったとおりに進まないと、その責任を自分以外のものに転嫁したがる傾向があります。

しかし、他責では何も解決しません。責任転嫁は成長機会の自己否定です。

リーダーは自責人間になろう

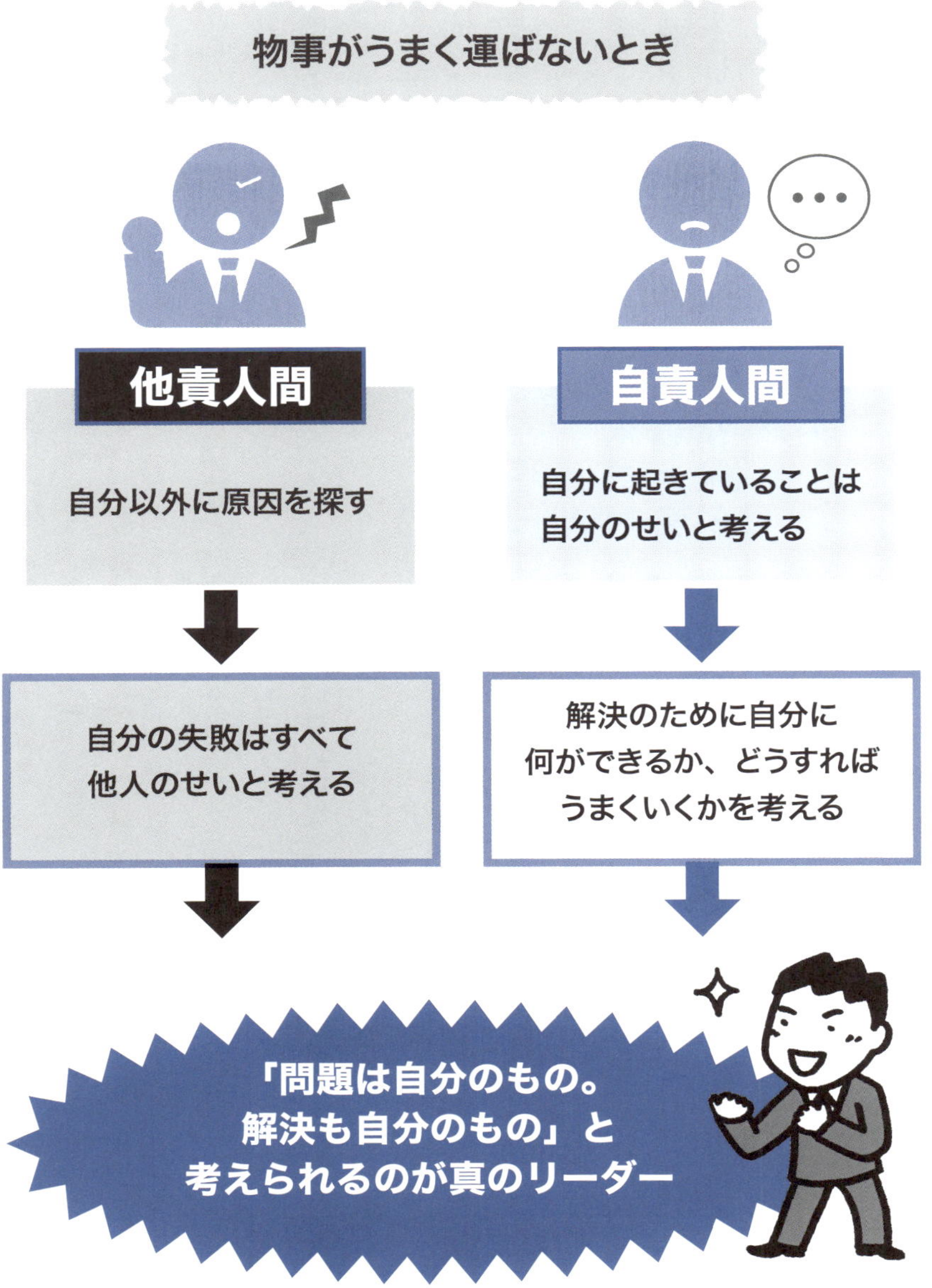
物事がうまく運ばないとき
他責人間
自分以外に原因を探す
自分の失敗はすべて
他人のせいと考える
自責人間
自分に起きていることは
自分のせいと考える
解決のために自分に
何ができるか、どうすれば
うまくいくかを考える
「問題は自分のもの。
解決も自分のもの」と
考えられるのが真のリーダー

RULE 34

上司のやり方に疑問を感じているときは？

上司に疑問を感じたら、素直に意見をぶつけてみる

上司に「異見」を述べることとは、その相手がたとえ社長であっても積極的にやるべきです。

原則は2つあります。

1つは「8つほめて2で異見《いけん》」です。

話の8割は相手のよいところをほめて、残りの2割で異見を述べるということです。

「部長の方針は、これからの我が社の将来を見据《す》えた、とても重要なご提案で、分析の鋭さと見識の高さに感心いたしました」とほめ、「さらに、この点を加えると、社員全員が理解しやすくなると思うのですが、いかがでしょう」と積極的に異見を述べるのです。

このとき、建設的な代替案を提示することが大事です。

代替案には、自社の企業理念などの論理的な裏付けを加え、さらに数字的な裏付けも加えましょう。

もう1つは「組織の掟《おきて》」です。

意見具申を2度行なっても受け入れられなければ、いさぎよく上司にしたがわなければなりません。

それが組織で働くものの原理原則です。

どんなに自分の意見の正しさに自信があったとしても、2度、意見具申して、なお受け入れられなければ、いささかの愚痴もこぼすことなく、上司の考えのとおりに「行動」しなければなりません。

「行動」とは、自分の提案はすっぱりと撤回し、嬉々として積極的に取り組むことです。

イヤイヤ取り組むというのでは、組織の掟を守った行動とはいえません。

意に反して上司の意見にしたがうことになったとしても、積極的な行動は必ず報われるものです。

上司への意見具申のコツ

３つの基本を意識しよう

論理（ロジック）

建設的

数字

「８つほめて２で異見」と
「組織の掟」を守る

↓

**２度意見具申してダメなら
いさぎよく上司にしたがう**

RULE 35

上司とうまく付き合うには？

ボス・マネジメントで上司をコントロールする

「サラリーマンの幸せの80％以上は上司で決まる」と言われます。

もしあなたが「ダメな上司に当たった」とか、「あの難しい上司の下ではやっていけない」と嘆いているだけなら、事態は一歩も前進しません。

上司に当たり外れがあるのは現実ですが、外れたらお手上げかと言えば、決してそうではありません。

マネジメントには、上司から部下という方向だけでなく、「ボス・マネジメント」という部下から上司へのマネジメント方向もあるのです。

ボス・マネジメントとは、チームの目標を達成するために上司の力を借りることです。

たとえば、チームの目標を達成するためには、他部門の協力が必要な場合、上司の力を借りて、上司に調整してもらえば、物事がスムーズに運ぶことがあります。

いわば、目標のために上司を動かすことが、ボス・マネジメントです。

ボス・マネジメントの原則を4つ、左の表にまとめてみましたので参考にしてみてください。

ボス・マネジメントで肝心なことは、まず上司の美点を凝視することです。

欠点は無視してもよいとさえ言えます。

なぜなら、ボス・マネジメントをうまく進めるには、上司との人間関係を良好に保っていなければならないからです。

ボス・マネジメントは、**「美点凝視、欠点無視」**が入り口となります。

その次が表の①にある**「8割ほめて2割で異見」**です。どんな人でも、ほめられて嫌な人はいません。

ボス・マネジメントの原則

1

８割ほめて２割で異見。８割は上司に賛意を表し、
異見や直言は２割の比率で行なう。

2

常に上司サイドに立っていることを表明せよ。
利害の一致（目的の共有）をアピールし、
敵ではなく同志であることを伝える。

3

コミュニケーションの機会をつくり、
自ら上司に近づけ。
相談は相手を認めてるという意思表示。
相談からコミュニケーションを築く方法も１つだ。

4

直言するときには４つのツボを心得よ。

➡感情（エモーション）に走らず、
論理（ロジック）と数字を武器に。

➡反対するだけではなく、代替案を用意する。

➡「会社のため」という大義を持って話す。

➡同じ直言は２度まで。
２度目に受け入れられなかったら潔く
上司の意向にしたがう。

RULE 36

苦手な相手とは、どう付き合ったらいい？

自分から動いて相手の懐に飛び込もう

人には相性があります。

会ったときから、どういうわけか気が合う人もいれば、特に理由はないのに、なぜかうまく打ち解けられない人もいます。

相性の悪い人が、ビジネス以外の関係であれば、距離を置けば済むことですが、**取引関係のある相手となると、距離を置くわけにもいきません。**

仏教の「怨憎会苦《おんぞうえく》」とは、イヤな人に会う苦しみということです。イヤな人に会うことは、3000年以上前の人々も苦しかったのでしょう。

3000年以上経っても、人類が解決できていない心の悩みということになるわけですが、何とか乗り越えなければなりません。

私が実際にやってきた方法を紹介しましょう。

相性の悪い人と会うときには、その直前に、「自分は相手を好きになれる。相手も自分を好きになれるに違いない」と心に何度も言い聞かせ、「これでうまくいく」と心を決めてからドアをノックするのです。

自己暗示ですが、これは結構効きます。

人は論理で説得され、感情で動くと言われます。ビジネスは論理と数字で相手と仕事をするのが基本ですが、相手も生身の人間、感情が拒否すればなかなかYESとはなりません。

そこで自分に暗示をかけて、相手の懐（感情の世界）に一歩入り込むのです。

話題も、事前に相手の好みを調べておき、相手の知っている話に関心を示すこと。そして、できるだけ相手に話をさせることが大事です。

人は自分の話を傾聴する人を気に入るものです。

人は論理で説得され感情で動く

相手は生身の人間。
論理で説得されても感情が拒否すれば
ＹＥＳとはならない

自分から相手の懐
（感情の世界）に入り
相手にできるだけしゃべらせる

相手の趣味　相手の専門分野

↑

事前に調べておけばベスト

相手に関心を持つことで
「好意と尊敬」を伝える

↑

コミュニケーションの極意は
「自分から動く」

RULE 37

未経験の分野を任されたら？

未経験部署への異動は大きく成功するチャンス

「この道一筋」という言い方は、良い意味で使われることの多い言葉です。

しかし、「これしかできない」と見ることもできます。専門分野（この道）という「快適ゾーン」に留まっているということです。

未経験の仕事を経験するということは、そこに不安はあったとしても、経験という財産の幅を大きく広げるまたとないチャンスです。

私は若い頃に、販売促進（プロモーション）の部門と現場営業の部門を経験しました。

最初の3年間はプロモーション部門で販促企画を担当し、その後の3年間、現場の営業部門を経験し、再び企画部門へと戻ったのです。

異なる部門、それもラインとスタッフという両部門を経験するというのは、自分の幅を広げて組織の階段を上がるために有効かつ必須のルートでした。

それぞれの部門で経験を積み、組織全体の舵取りをする立場へ上がっていくのですから、この異動は、経営者になるためのステップでした。

私が45歳で社長になれたのは、異なる部門を経験することによって視野を広げ、総合的な経営力を身に付けることができたからだと思っています。

人は、慣れた仕事を同じ環境でやりたがります。それが快適だからです。

しかし、**真のリーダーを目指すなら、快適ゾーンから飛び出す勇気を持たなければなりません。**

変化（CHANGE）には、恐れ（THREAT）が伴います。

しかし、CHANGEのGからTを除けば、チャンス（CHANCE）になるのです。

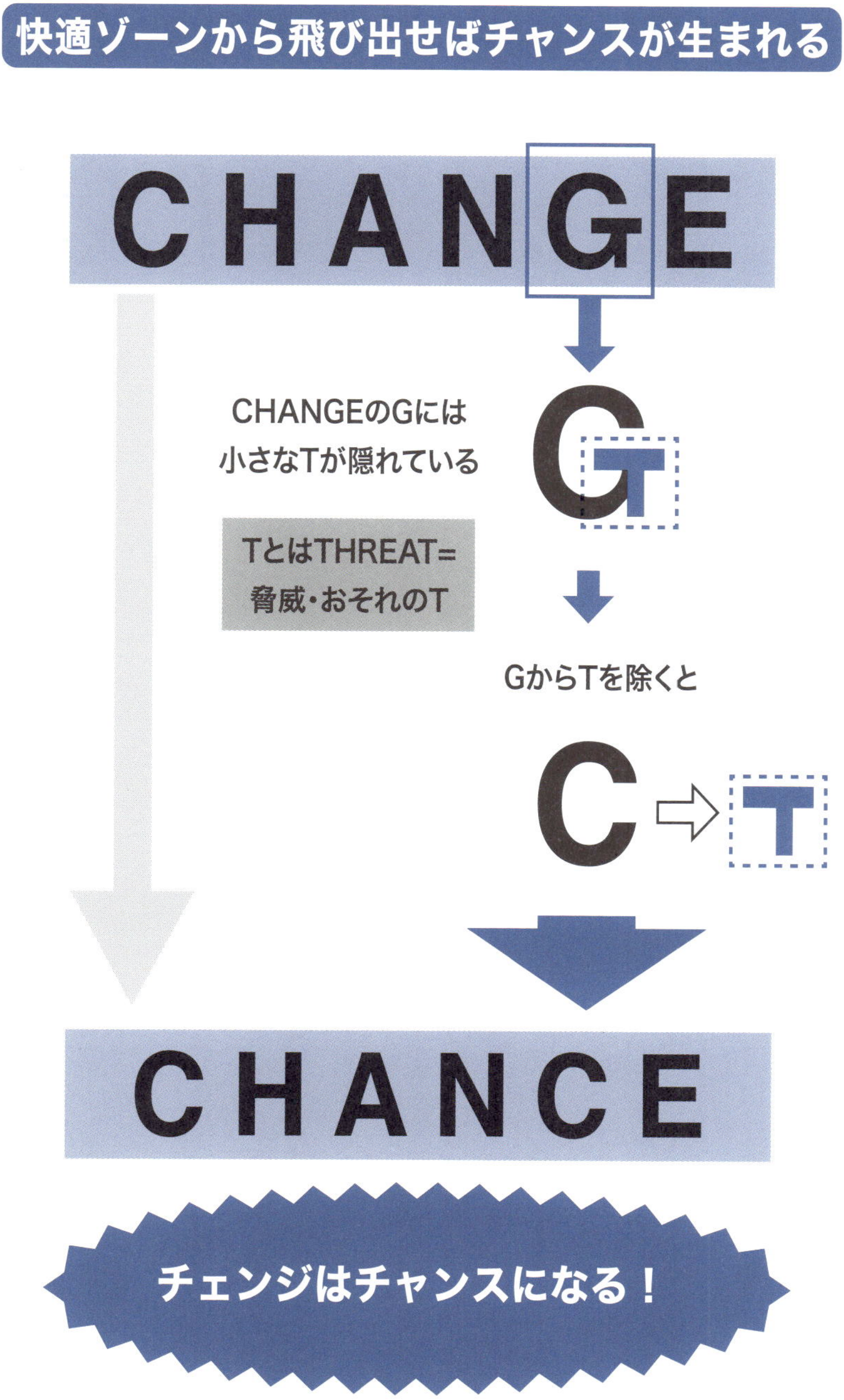
快適ゾーンから飛び出せばチャンスが生まれる
CHANGE
CHANGEのGには
小さなTが隠れている
G
T
TとはTHREAT=
脅威・おそれのT
GからTを除くと
C
T
CHANCE
チェンジはチャンスになる！

RULE 38

転職し、会社を移りたいときは?

転職を成功させたいなら、太る転職をしよう

どうしても今の仕事に限界を感じて、転職をするなら「太る転職」をしましょう。

転職には、「やせる転職」と「太る転職」があります。「やせる転職」の特徴は、目先のポジションや収入に目を奪われ移ったものの、結局、長期的に見たら収入は増えず、期待はずれでまた次の職場を探すというものです。

新しい会社の仕事にやりがいがある、今よりも重要な仕事を任される、会社に将来性がある、さらに収入も増えるというものが「太る転職」と言えます。

太る転職をするには、転職先が自分にとって良い会社か見分けなくてはなりません。

左の表が私のつくった「良い会社を見分けるチェックリスト」です。

キーワードは3C・2D・1Eです。

3Cとは、クレードCredo(企業理念)、コミットメントCommitment(入社する社員に対する誓約)、ケミストリーChemistry(相性)です。

とりわけクレード(企業理念)は最も重要です。会社の理念に共感できるかどうかで、その会社の一員として誇りが持てるか、使命感を持って仕事ができるかが大方決まります。

2Dとは、デリゲーションDelegation(権限移譲)と、デレクションDirection(方向性)です。

1Eとは、エクスペクテイションExpectation(期待)のことです。

「とりあえず入ってくれ」という、自分に対する短期、長期の期待のない会社には、入るべきではありません。

3C・2D・1Eが「太る転職」の条件です。

良い会社を見分けるチェックリスト

i 理念・社風

（満点 100）

会社の企業理念に対する共感度は？

0 10 20 30 40 50 60 70 80 90 100

社長にインテグリティー（誠実性、信用性）を感じるか

0 10 20 30 40 50 60 70 80 90 100

会社の長期・短期の目標に納得性はあるか

0 10 20 30 40 50 60 70 80 90 100

会社に将来性、成長性はあるか

0 10 20 30 40 50 60 70 80 90 100

情報共有度、コミュニケーションは良いか

0 10 20 30 40 50 60 70 80 90 100

ii スキル・評価制度

（満点 100）

自分のスキルを生かせるか

0 10 20 30 40 50 60 70 80 90 100

評価システムは適切か

0 10 20 30 40 50 60 70 80 90 100

処遇制度は適切か

0 10 20 30 40 50 60 70 80 90 100

職場は明るく、仕事に誇りを持って取り組んでいるか

0 10 20 30 40 50 60 70 80 90 100

会社の成長と自分の成長を一致できるか

0 10 20 30 40 50 60 70 80 90 100

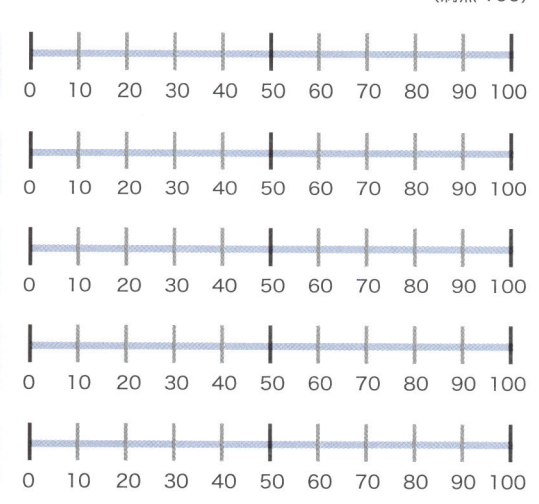

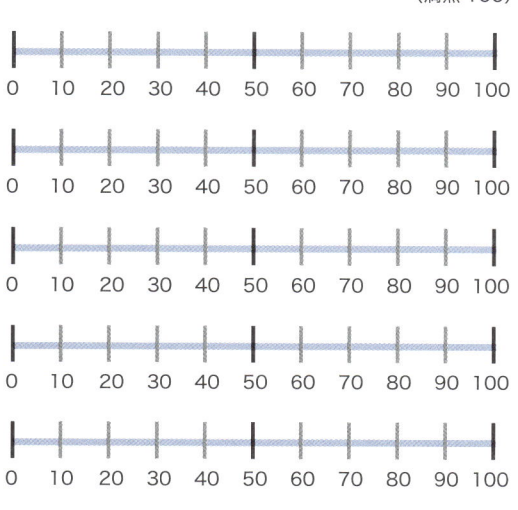

RULE 39

優秀な部下が辞めたいと言ってきたら？

辞めたい部下は引き留める前に冷静な自己査定を

優秀な部下が辞めることは、上司にとって痛いことです。

しかし、辞めたいと言う部下を引き留めたほうがよいケースは、むしろ少ないものです。

辞める理由が、明確ならば、励ましの言葉とともに「グッドラック！」と送り出してやるべきです。

むしろ理由によっては、**辞めてもらったほうが会社のためにも、本人のためにも、良いというケースもあります。**

お金とポジションの不満が辞める理由という人は、お金とポジションを与えて引き留めても、早ければ数カ月、遅くても1年以内には、また同じ理由で辞めたいと言ってくるものです。

辞めたい理由がお金とポジションであったなら、引き留めることなどせずに、速やかにお引き取り願ったほうが良いと言えます。

ただし、辞める理由が、漠然《ばくぜん》と今の仕事に物足りない、もっと自分に向いている仕事があるのではないなどと、**あいまいものであるならば、まず、本人に自分自身の査定をさせてみることです。**

どこへ移っても通用する自分のスキルは何か、他人に劣らないと確信できるスキルは何か、信頼できる人脈はどれだけあるかなどを自己査定させます。

冷静に自己査定してみれば、たいていの人間は、自分は「転職」よりも「手に職」が先だということがわかるはずです。

これは、引き留めるためではなく、部下自身の将来のためにやらせます。

また、この自己査定は上司であるあなた自身が転職したいと考えたときにも行なうべきでしょう。

優秀な部下が辞めたいと言ってきた場合

辞めたい理由がお金とポジション

お金とポジションを与えて引き留めたとしても、１年以内にはまた同じ理由で辞めたいと言ってくる

速やかにお引取り願うこと。残しておけば結局、禍根を残すことになりかねない。

辞めたい理由があいまい

今の仕事に物足りない、もっと自分に向いている仕事があるのではないか……

自分自身の能力という名の「資産」（他人に劣らないスキル、信頼できる人脈等）の棚卸をさせる

コラム

逆境だからこそより明るく積極的になろう

31でも触れたとおり、私は課長から平社員に降格されたことがあります。

私はそのとき、徹底的に明るく、積極的に仕事に取り組みました。降格された翌日から、朝はだれよりも早く出社し、それまで以上に明るく、笑顔で全員にあいさつをし続けました。

自分の仕事はもとより、人の仕事にも積極的に手を貸し、会議でも人一倍発言したものです。

あまりにも私が元気よく、明るく振る舞っているので、周囲から「彼は本当に降格されたのか？」と疑問の声が上がりました。

降格されたのに、腐らず頑張るというだけでは当たり前です。意外性がありません。

降格されたのに、くさらず、これまでよりも、はるかに頑張っていると認められて、周囲は驚くのです。

逆境を跳ね返すには、普通に頑張るのでは十分ではありません。

周囲が驚くほど頑張るのが、逆境における頑張り方です。

それで私は、数カ月後に課長職に復帰したのです。

第5章

時間を生み出すリーダーになる10のルール

時間を生み出す リーダーになる 5つのポイント

時間がない、というのはリーダー共通の悩みです。だからといって、プライベートを犠牲にするのは、本末転倒。時間を生み出す５つのポイントを学びましょう。

Point 1

職場での忙しさを軽減するには？

会議や部下の相談や時間のとらえ方を見直そう。

Check 40、41、42

Point 2

ワークライフバランスを実現するには？

仕事も家庭もプロジェクトと考え計画を立てよう。

Check 43、44

Point 3

時間の穴と物事の優先順位を意識してみよう。

Check 45、46、47

仕事の合間に勉強するには？

Point 4

「４つの方法」を意識して勉強しよう。

Check 48

英語力を身に付けるには？

Point 5

時限設定と行動計画をつくって課題に取り組もう。

Check 49

夢を叶えるための時間の使い方は？

RULE 40

自分の時間をつくるには？

時間の主人だと自覚し、時間リッチになろう

リーダーは「時間リッチ」であるべきです。時間を道具として使いこなす人が「時間リッチ」です。

私が実践している、時間リッチになる方法を紹介しましょう。

私はスケジュールを立てるときに、講演など動かせない予定を**「予約済みの時間（Booked Time ブックド・タイム）」**としています。

それ以外の時間については**「活用できる時間（Available Time アベイラブル・タイム）」**というように分けています。

この2種類に分けた時間の使い方が、「時間をつくる」ことにつながります。

時間を「予約済みの時間」と「活用できる時間」に分けたら、次に「活用できる時間」に何をするかを決めます。

問題は、この活用できる時間の使い方です。講演や執筆などの仕事では、この活用できる時間を有効に使うか、使わないかで大きな違いが出ます。講演や執筆の前の時間に啓発を受けたことを、話や原稿に生かすことで、講演や原稿の品質が上がるからです。

人間に与えられたもので平等なものは少ないですが、時間だけはだれに対しても平等に1日24時間が与えられています。

大切なのは、時間の主人は自分であることを自覚することです。

時間に対する意識を高めるためには、「時間内（たとえば1日）でやることを6つ書き出し、順番に片付ける」「日記をつけて1日の時間の使い方を見直す」なども毎日行なうと有効です。

時間リッチになるための心がけ

●時間を２種類にわけて考える

１：予約済みの時間 Booked Time

年、月、週、日ごとの単位で、一般的にビジネスパーソンが手帳に書きこむ基本スケジュール。仕事の予定や、週ごとの会合、月２～３回のフィットネスクラブ通いなど。

２：活用できる時間 Available Time

上記の決められた時間以外の時間。
基本スケジュールには記されていないが、
自由に使える時間。
個人の工夫でここをうまく使うのがポイント。

●時間内でやることを６つ書き出す

これらをどれから片付けるのか。
１～６まで優先順位をつける。
そして、順番に片付ける。
毎日続けることが大切。

●日記をつける習慣を

１日を振り返ることで、
「過去」の時間の使い方を反省し、
何かの学びを得たうえで、
より良き「未来」をつくることができる。

RULE 41

「会議品質評価表」で品質チェックをしよう

日本の企業には、ムダの「３Ｋ」があります。それは「会議」「紙」「コミッティー（委員会）」の３Ｋです。

特に会議の多さに辟易《へきえき》しているリーダーも多いようです。

しかし良い会議・ミーティングはチーム全体のコミュニケーションレベルを上げますから、けっしてムダとは言えません。

問題は、時間を浪費するだけで実りのない会議・ミーティングです。

そもそも、会議・ミーティングを開く目的は３つに絞られます。

①情報を共有するため、②アイデアや意見を出し合うため、③意思決定をするためです。

ムダの多い会議は、そもそも目的が不明確であることが多いものです。

現状の会議がどの目的で行なわれているのか、洗い直してみることで会議品質はぐんと向上します。

１０９ページの会議品質評価表を使って、あなたの会社の会議を見直してみましょう。

次に「紙」の問題です。

紙の多い会社は、概して生産性が低いものです。日常的に紙の多い職場は問題です。会議でも紙が多いと時間をムダにします。

アメリカ系の企業では、会議にはエグゼクティブ・サマリー（Executive Summary）と呼ばれる1枚のペーパーをもとに会議を進めます。

企画書や提案書は1枚、多くても2枚にまとめるのが、できるビジネスパーソンのグローバルスタンダードと言えます。

会議品質評価表

●会議名（　　　　　　　　　　　　）　　月　　日

評価項目	5=極めて満足　1=極めて不満足
①会議の目的が事前に全参加者に知らされていたか？	（　1　2　3　4　5　）
②全員が事前準備（意見・資料等）を十分に行なったうえで出席したか。	（　1　2　3　4　5　）
③会議の時間は開始、終了共々予定どおりにマネージできたか？　長さは妥当だったか？	（　1　2　3　4　5　）
④遅刻者、中途退席者はいなかったか？	（　1　2　3　4　5　）
⑤出席者の数と質（専門分野、順位等）は、会議の趣旨と目的に沿ったものだったか？	（　1　2　3　4　5　）
⑥全員が「スピーク・アウト」をして、会議の付加価値を高めることに貢献したか？	（　1　2　3　4　5　）
⑦会議の議事録（ミニッツ）とフォローアップ・アクションプランが24時間以内に作成され、会議参加者及び関係者と共有されたか？	（　1　2　3　4　5　）
⑧会議の生産性を高めるための資料・機材の準備はできていたか？	（　1　2　3　4　5　）
⑨会議本来の目的は遂行されたか？	（　1　2　3　4　5　）
⑩この会議は"本当に"必要だったか？	（　1　2　3　4　5　）
	合計点　　　点

改善策	我が社の「会議品質」を高めるための具体的な改善策	

RULE 42

部下の相談に時間をつくれないリーダーは失格

忙しいときに部下に相談を持ちかけられたら？

部下が相談に来たとき、「今、忙しいから後にしてくれ」と突き放し、その後も一向に時間をつくろうとしない上司が少なくありません。

これではリーダー失格です。

私自身、部下からの相談の機会は大切にしてきました。しかし、唐突に「相談があります」と言われても、そのとき十分な時間がない場合もあります。

そういう場合には、**「何日の何時だったら十分に時間が取れるが、君はどうか」と代替日を伝えることにしていました。**

「後にしてくれ」だけで突き放しては、部下の気持ちからすると門前払いと同じです。

「後にしてくれ」と言った後には、必ず「この日のこの時間にしてくれ」と付け加えることを忘れてはいけません。

部下からの相談を受け、真摯に答えることは、、部下を育てる絶好のチャンスです。

部下の相談に対するリーダーの態度は、ひと言でいえば部下の話をよく聴くに尽きます。

大事なのは次の４点です。

❶ 真摯《しんし》な態度で聴くこと。

❷ 適度に相づちを打つ。

❸ 相手の話を途中でさえぎらない。

❹ メモを取る。

部下からの相談に応じるにあたっては、さらに大事なことがあります。

それは本書で繰り返し述べていますが、相談の答えを与える代わりにヒントを与えることです。

相談には真剣に、答えを出すことは慎重に。

これが相談に対する上司の正しい態度です。

忙しいときに部下から相談を受けたら

1 真摯な態度で聴くこと

笑顔で話をうながす、うなずく。
話の核心の部分などで身を乗り出す。
きょろきょろ目線をそらさない。

2 適度に相づちを打つ

「なるほど」「そうだったのか」「それはそうだね」
など適切な相づちを打つことで、相手は
「この人は自分の言うことに関心を持って
聴いてくれている」と感じる。

3 相手の話を途中でさえぎらない

相手の話を途中でさえぎらない。
話を途中でさえぎると、相手は
話す意欲を失い、心が離れていく。
しかし、これをやる上司は非常に多い。

4 メモを取る

メモを取る態度は、相手の話の内容に
深い関心を持ったことの証左だ。
相手は「真剣に考えてくれている」と受け取る。
これらは外形的な態度での注意点である。

RULE 43

仕事も家庭も充実させるには？

仕事と家庭は「並行するプロジェクト」と考える

仕事に追われて家庭を顧みないリーダーも少なくないようです。

しかし、仕事は人生のための極めて重要な手段であっても、目的そのものではありません。

目的は、自分の人生の幸福と家族の幸福です。とはいえ、仕事がなければ自分も生きていけないし、家族も養えません。

そこで「仕事か家庭か」という悩みが生まれます。「あちらを立てればこちらが立たず（トレード・オフ）」という状態です。

しかし、**仕事と家庭は、そもそもどちらかを犠牲の上に成り立つものではありません。**

「あちらを立てればこちらが立たず」から、「あちらも立ててこちらも立てる」考え方にスイッチを切り替えましょう。いわば、**「トレード・オフ（対立）」から「トレード・オン（両立）」を基本にします。**

女性起業家として知られるイー・ウーマンの佐々木かをり社長は、育児や家事を仕事と並列する複数プロジェクトととらえ、ひとりの担当者が兼務する、同じ時間軸の中での管理すべき並列案件、と考えることにしたといいます。そう考えたときに、自分の道が大きく開けてきたそうです。

1人のビジネスパーソンが2つ、3つの仕事を並行して進め、結果を出すことは珍しくありません。

それぞれに成果を挙げるのがビジネスパーソンの責任であり、やりがいでもあります。

自分の頭で考え、仕事に主体的に取り組むビジネスマンなら並行プロジェクトは可能です。

男女を問わず仕事と家庭を両立させているリーダーたちは、皆これができています。

考え方次第で仕事も家庭も両立できる

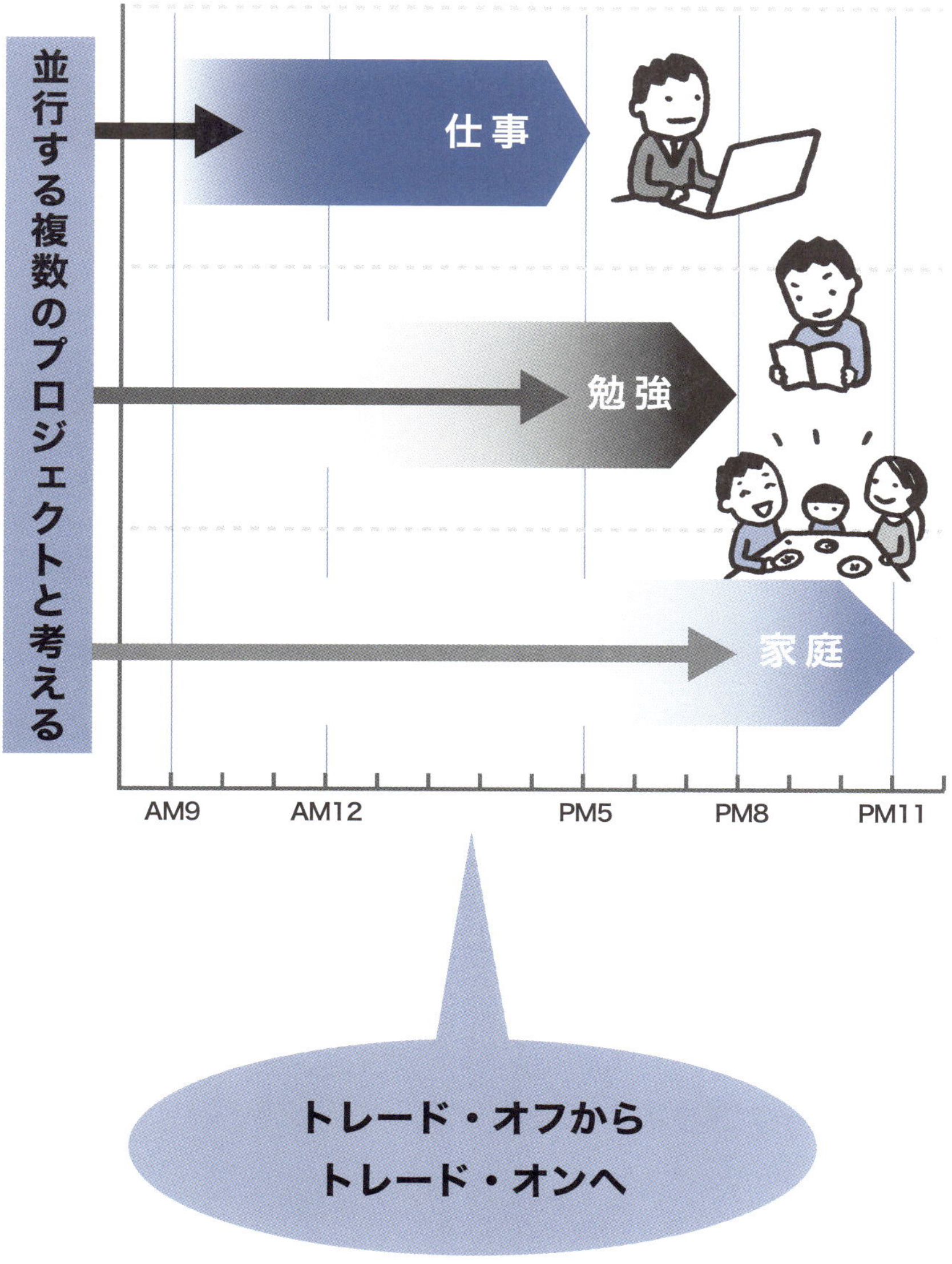

RULE 44

残業をなくしたい。どうすればいい？

リーダーは率先してダラダラ残業をなくそう

アメリカでは、残業する人は「時間内に終えられない、仕事のできないヤツ」と見なされます。ヨーロッパの企業でもその傾向は根強く、私はドイツ人に「日本人は長く働くが、我々はスマートに働く」と言われたことがあります。

かつて私はアメリカのコカ・コーラ社で働いていましたが、午後6時になるとみんな仕事を切り上げ、「ハブ・ア・ナイス・イヴニング」と家路についていました。

残業が習慣化すると、「だらだら残業」が横行します。だらだら残業は明らかに「悪徳」です。

だらだら残業は、①労働生産性が低くなる（集中力が続かず、習慣化すると体が壊れる）、②自己啓発の時間が十分に取れず、スキルもマインドも劣化する一方となる、③家族と過ごす時間が取れない（家族から見放され、人生全体が壊れていく）、といったマイナスの結果を生むことになります。

しかし、残業すべてを「悪徳」とまで決めつけるのはどうかと私は思っています。

残業には、ある部分いわば「必要悪」という側面があるからです。

必要に迫られて、自ら残業するのは欧米でもよくあることなのです。

リーダーの残業に対する姿勢は、残業を減らし、会社の利益を増やし、社員の年収を上げる「三方よし」の生産性アップを目指すことが基本でなければいけません。

リーダーとして厳に慎むべきは、部下に「もっと頑張れよ」と残業を奨励する声がけをし、自分も必要がないのに遅くまで残っていることです。

だらだら残業は会社のマイナス

残業の「習慣化」＝だらだら残業

↓

① 労働生産性が低くなる

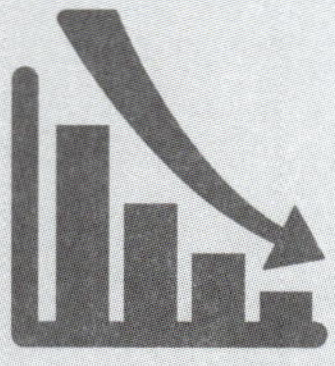

② 自己啓発の時間が十分に取れず、スキルもマインドも劣化する

③ 家族と過ごす時間が取れない

↓

マイナスの結果を生むことに

↑

全社的に残業を減らすためには、
トップリーダーを中心に、
綿密な分析と計画を前提にした
抜本的な取り組みが必要。

RULE
45

勉強する時間をつくるには？

時間の穴を見つければ、1日1時間は勉強できる

「時間がない」が、もしあなたの口グセになっているとしたら、考えを改めましょう。

なぜなら時間とは「あるもの」ではなく、自分で「つくるもの」だからです。

では、どうすれば時間をつくれるのでしょうか。

1日のスケジュールを決めるとき、順位の高いものから取り組むように段取ることによっても、ある程度の時間をつくることができます。

あらかじめ段取りを整えておくことで、そこに「時間の穴」を見つけることができるからです。

時間の穴とは、スケジュールとスケジュールの間の空き時間のことを言います。

どんなに過密なスケジュールであっても、必ず時間の穴はあるものです。

時間の穴は、意外にあなどれません。

1つひとつの穴は5分足らずかもしれませんが、それが10あれば50分になります。

5分あれば、本の数ページは読めますから、50分あればかなりの量のインプットができます。

上手な段取りと時間の穴を有効活用することで、少なくとも1日1時間程度は「時間をつくる」ことはできるはずです。

優れたビジネスパーソンには、時間との付き合い方のうまい人が多い。タイム・マネジメントは「できるリーダー」の必要条件と言えます。

移動時間も大切な「勉強タイム」です。

私は、出張のために新幹線や飛行機で移動する時間を、読書のためのゴールデン・タイムとして有効活用しています。

時間の穴は、探せば必ず見つかるはずです。

時間の穴を見つけよう

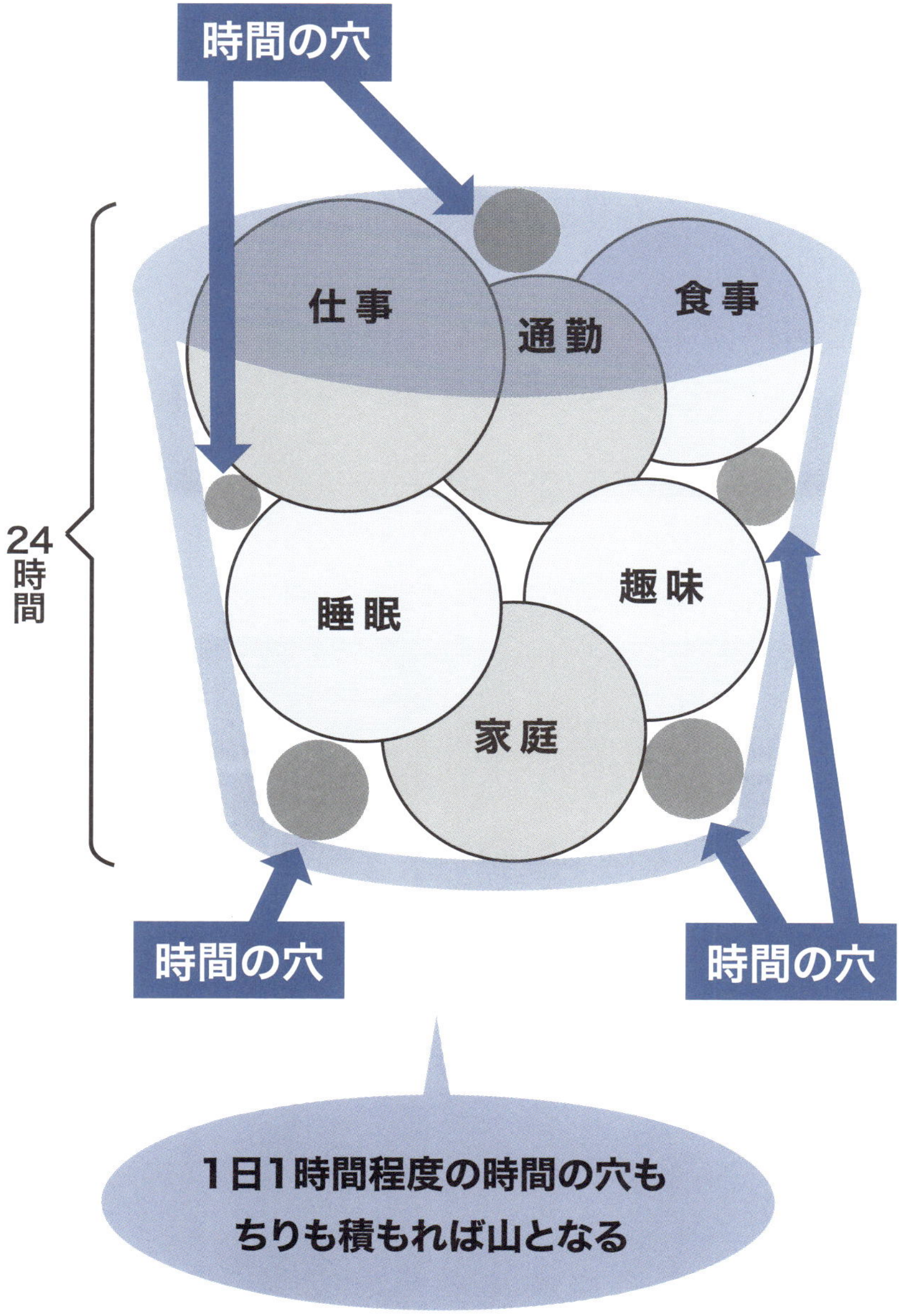
時間の穴
24時間
仕事
通勤
食事
睡眠
趣味
家庭
時間の穴
時間の穴
1日1時間程度の時間の穴も
ちりも積もれば山となる

RULE 46

自分のためにまとまった時間をつくるには？

「捨てる勇気」がキャリアアップのカギとなる

時間とは、自分の人生をマネージする上で最も重要な経営資源です。

資源だと思うと、誰でも増やしたくなるはずですが、まとまった時間をつくるには、逆転の発想で「減らす」という有効な方法もあります。

減らすとは、無用なものから順番にやめていくことです。

まとまった時間をつくるためには、優先順位で物事を見直し、優先度の低いものから大胆に捨てるというのも効果的な方法の1つなのです。

モンゴル帝国初期の行政官でジンギスカンを支えた那律楚材《やりつそざい》の言葉にこういう箴言《しんげん》があります。

「一利を興《おこ》すは一害を除《のぞ》くに如《し》かず、一事を生むは一事を省《はぶ》くに如かず」

物事のバランスをとるには、増やしていくよりも減らしていくほうが効果的で効率的です。

しかし、「捨てる勇気」には多くのエネルギーが必要となります。

問題は、何を捨てるかです。119ページのマトリックスを参考にして、AからCにあてはまらないものは捨ててしまいましょう。

私の場合、まず30代で麻雀をやめました。そして夜の時間を読書や勉強、家族との団欒《だんらん》に充てることができました。

次に40代前半にゴルフをやめました。そして休日は家族と過ごし、まとまった時間で研究、執筆ができるようになりました。

50代には社長業がとみに忙しくなってきたので、テニスをやめて時間をつくりました。

捨てる勇気が、貴重な時間を生み出します。

優劣順位を決めるマトリックス

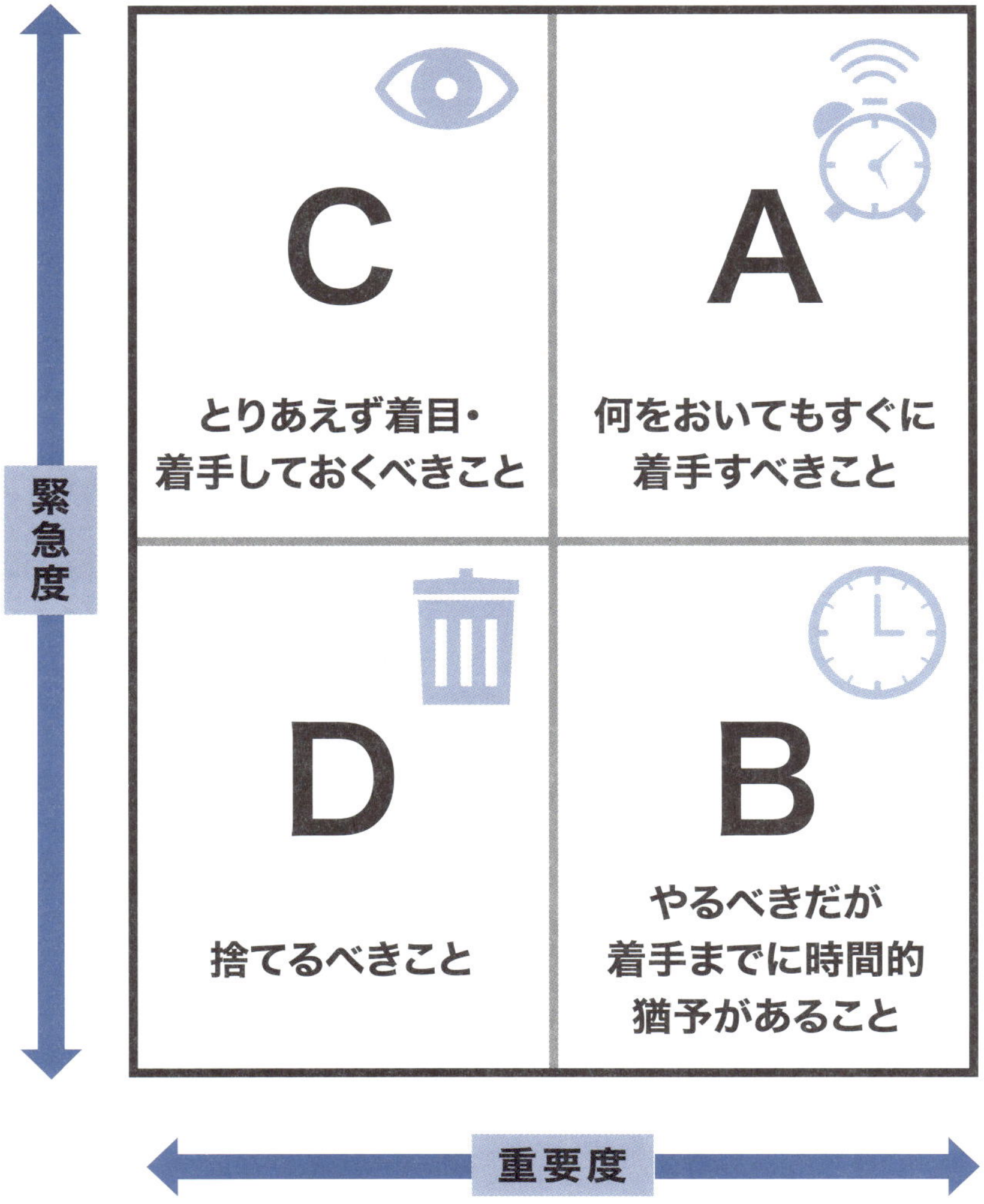

RULE 47

いまさら勉強したってムダ？

「スキルの貯金」を活用すれば、勉強時間は短縮できる

これまでとは違うスキルを身に付けたいけれど、「もう自分は年を取り過ぎている」とあきらめるのは間違いです。

1つのスキルがプロのレベルに達するには、平均して1万時間を要するといわれます。

1万時間とは、1日2時間勉強したとすれば、約14年です。

しかし、それは人によります。

ベテランのビジネスパーソンには、これまでに自分の仕事で培ってきた「経験」があります。

これまでの経験を生かせる分野であれば、スキルアップに要する時間は大幅に短縮できます。

ベテランのビジネスパーソンは、勉強時間に経験という下駄をはかせることができるのです。

したがって、「自分はすでに40代でもうすぐ50代だ。今からではもう手遅れだ」などと、あきらめる必要はありません。

キャリア豊富な40代、50代のビジネスパーソンであるなら、その気になれば、**スキルアップに要する時間は5掛け、4掛けの時間でプロのレベルに達することができます。**

つまり、50代のビジネスパーソンなら、今から本格的にスキルアップに取り組んだとしても、14年後ではなく、早ければ6年後、7年後には社外でも通用するプロのレベルのスキルの持ち主になれる可能性は大いにあります。

「自分はもう50歳だ。遅すぎる！」とあきらめる必要はまったくありません。

成功のカギは、「すべては今からだ！」と覚悟を決めるか否かにかかっているのです。

年を取っても勉強はできる

１つのスキルがプロレベルに達するまでの時間

「１万時間＝１４年」

（１日２時間×３６５日（１年）＝７３０時間
１万÷７３０＝１４年）

↓

しかしベテランのビジネスパーソンには
「経験」がある

↓

勉強時間に「経験」の下駄をはかせれば
勉強時間は大幅に短縮できる！

↓

１４年が６～７年で終わることも

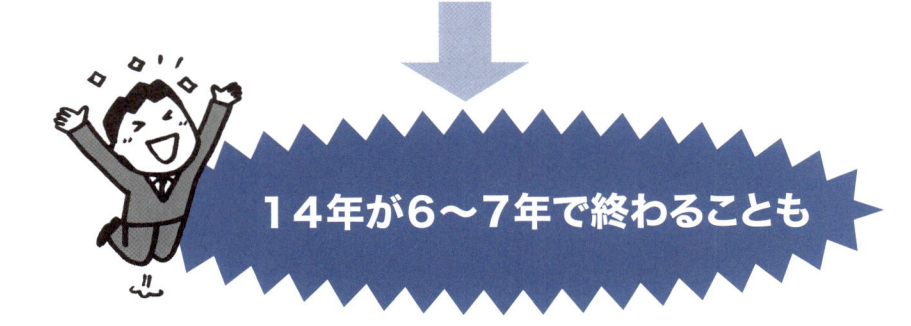

RULE 48

英語力を身に付けるには？

英語力を付けるには5つの方法がある

ビジネスパーソンにとって必要なスキルを1つ挙げよ、といわれれば、やはり英語力でしょう。

AIの進歩で、英語や中国語の高性能な小型自動翻訳機が登場するのも、そう遠い将来のことではないかもしれません。でも、ビジネスのグローバル化の速度は、それを待ってはくれないのも現実です。

英語が、現代ビジネスツールであることは疑いありません。

ビジネスパーソンにとって、主要な

（※原文では「英語が、現代ビジネスパーソンにとって、主要なビジネスツールであることは疑いありません。」）

では、英語力を付けるにはどうすればよいでしょうか。私は次の5つの方法をお勧めします。

❶ 1日4度のメシを食う

3度のメシはコメかパンですが、4度目のメシは活字のメシです。それも英語の活字のメシです。とにかく1日1回英語で読む。これが大事です。

❷ カラテの活用

カラテとはカセット、ラジオ、テレビの頭文字ですが、私の時代はこれがヒアリングのツールでした。今は、これがスマホ1つでできますから、より便利です。

❸ 一定時間拘束する

週に1度か2度、英語学校に通うなど自分を強制的に英語の環境に置くことも大事です。

❹ チェッカーの活用

英語の堪能な人、できれば英語を母国語とする人と会って、英語力をチェックしてもらうことも効果的な英語の上達法です。

❺ 資格取得を目指す

ある程度、英語力に自信がついたら、TOEICや英検などの資格取得に挑戦することも、英語学習の意欲を高める良い動機づけとなります。

英語力の付け方　５つのルール

1　１日４度のメシ

朝昼晩の３度のコメのメシに加え、「読書」という４度目のメシを食べることを習慣づける。１日２０～３０分でいいから、英文を読むこと。自分が興味を持てる内容で、知らない単語が１ページに10以上出てこない英文がよい。

2　「カラテ」の活用

「カセットテープ、ラジオ、テレビ」を活用すること。現代なら、スマホのアプリや、MP3などの音声データもこの中に入る。英語を聞き、ヒアリングで耳を慣らす。気に入った表現があったら、ライティングにも応用してみる。

3　自分を一定時間拘束

できれば週に１度か2度、語学スクールに通う。かなり意思が強い人でも、独学で語学学習を続けるのは難しいからだ。一定時間自分を拘束して、英語に触れざるを得ない環境に身をおこう。

4　チェッカーの活用

自分では自分の誤りになかなか気づけない。英語力のある人（できればネイティブスピーカー）に自分の英語をチェック、添削してもらおう。ライティングのミスの80パーセントは、「共通的な誤り」によるもので、間違いのパターンも10～12程度だ。わずか10～12の同じ間違いの繰り返しを自覚することで、あなたのライティング能力もぐっと上がる。

5　資格取得を目指す

資格取得という具体的な目標をおくことで、勉強をより効果的なものにする。英検、ＴＯＥＩＣ、ＴＯＥＦＬなどに挑戦し、自分の市場価値も高めよう。

RULE 49

夢を実現させる方程式とは?

年代ごとに達成すべき課題と期限を明確に

「夢なき者に理想なし、理想なき者に計画なし、計画なき者に実行なし、実行なき者に成功なし。ゆえに夢なき者に成功なし」（吉田《よしだ》松陰《しょういん》）。

単なるビューティフル・ドリーマーや夢見る夢子さんでは、成功は夢のままに終わります。

夢は目標となって、初めて実現へ向かって動き出すのです。

夢を目標にする答えは、次の方程式にあります。

〈夢 ＋ 時限設定 ＋ 行動計画 ＝ 目標〉

私は、自分の人生の成功の実現のために、45歳までに社長職に就《つ》くという目標を32歳のときに立てました。

45歳までに社長になるためには、まず40歳前後には、取締役にならなければいけません。

そのためには、30代後半には、部長にならなければいけないことになります。

30代後半までに部長になるためには、仕事で結果を出すためのスキルとマインドが必要です。

では、今、身に付けるべきスキルとマインドは何で、将来、身に付けるべきスキルとマインドは何かということになります。

このようにして、**それぞれの年代に何をどれだけやらなくてはいけないのか、達成すべき課題とその期限を明確にしました。**

125ページのようなスケジュール表をつくって時限設定と行動計画を立てたのです。

むろん、すべてが計画どおり順調に運んだわけではありません。しかし、夢を目標に転換することによって、私は45歳でジョンソン・エンド・ジョンソンの社長になれたのです。

夢をかなえるためのスケジュール表

夢＋時限設定＋行動計画＝目標

時限設定	短期 今年〜来年	中期 5〜10年後	長期 最終目標
目標 （地位、仕事、収入、人間力形成）			
行動計画 （具体的に何を行ない、いかなる力を養うか）			

目標を立てれば成功するという保証はないが
立てなかった場合よりも
成功する確率は高くなる！

コラム

夢をつかむには「回り道も近道」と考えよう

一直線に夢を追うことは心地良いでことですが、それだけでは成功はおぼつかないものです。

アメリカ合衆国の第16代大統領エイブラハム・リンカーンは、南北戦争のさなか、奴隷解放を定めた憲法修正第13条の成立に全霊を傾けていました。

修正案を可決するために、奴隷にも参政権を与えよ、という急進派を説得する必要がありました。

彼ら急進派にとっては、奴隷を解放するだけでは道半ばで不満です。

しかし急進派の考えは、当時の議会では到底受け入れられるものではありません。

このままでは廃案になってしまうというとき、リンカーンは急進派をこのように説得します。

「磁石の示すとおり一直線に進めば、途中に崖《がけ》や沼に突き当たり進めない。回り道であっても、いま『解放』を成立させなければ、永遠に『参政権』まで到達できない」

回り道であっても、前進を選択することが、夢を実現するために最も近い道となることもあるのです。

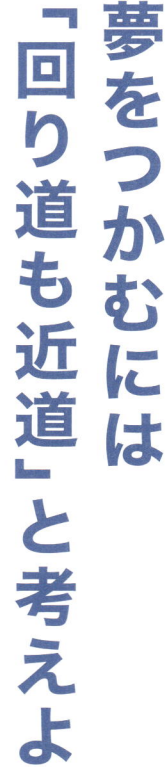

著者紹介

新 将命（あたらし まさみ）

株式会社国際ビジネスブレイン代表取締役社長。1936 年東京生まれ。早稲田大学卒業。シェル石油、日本コカ・コーラ、ジョンソン・エンド・ジョンソン、フィリップスなどグローバル・エクセレント・カンパニー 6 社で社長職を 3 社、副社長職を 1 社経験。住友商事株式会社のアドバイザリー・ボード・メンバーを 9 年間務める。現在は、ライザップグループ株式会社、株式会社ティーガイアを含む数社のアドバイザーを務める。長年培ってきた経営のプロとしての豊富な経験と実績をベースに、国内外で「リーダー人材教育」を使命にあらゆる活動に取り組んでいる。「伝説の外資トップ」と称され、“ 実論 ” にもとづいた独自の経営論・リーダーシップ論には定評がある。
主な著書は『伝説の外資トップが説く リーダーの教科書』『経営の教科書』『王道経営』（以上、ダイヤモンド社）、『自分と会社を成長させる 7 つの力』（アルファポリス）、『心に火が付く！ 最強のリーダー力』（日本文芸社）ほか多数。

製作スタッフ
カバー・本文デザイン　ISSIKI(デジカル)
本文イラスト　坂木浩子
編集協力　亀谷敏朗、山根裕之

面白いほど役に立つ

図解 人を動かすリーダー力

2018年 8月10日 第1刷発行
2024年 9月10日 第8刷発行

著　者　新《あたらし》 将命《まさみ》
発行者　竹村 響
印刷所　TOPPANクロレ株式会社
製本所　TOPPANクロレ株式会社
発行所　株式会社日本文芸社
〒100-0003 東京都千代田区一ツ橋 1-1-1 パレスサイドビル8F
URL https://www.nihonbungeisha.co.jp/

Printed in Japan 112180720-112240826 Ⓝ 08 (405064)
ISBN978-4-537-26191-2
編集担当・水波 康

※本書は 2017年6月発行『心に火が付く！ 最強のリーダー力』を元に、新規原稿を加え大幅に加筆修正し、図版を新規作成し再編集したものです。